ABDUÇÃO
O MISTÉRIO DOS EXTRATERRESTRES

Zana Matos

ABDUÇÃO
O MISTÉRIO DOS EXTRATERRESTRES

© 2011, Editora Isis Ltda.

Supervisor geral:
Gustavo L. Caballero

Revisão de textos:
Luciana Raquel Castro

Capa e diagramação:
Décio Lopes

Proibida a reprodução total ou parcial desta obra, de qualquer forma ou por qualquer meio seja eletrônico ou mecânico, inclusive por meio de processos xerográficos, incluindo ainda o uso da internet sem a permissão expressa da Editora Isis, na pessoa de seu editor (Lei nº 9.610, de 19.02.1998)

Direitos exclusivos reservados para Editora Isis

ISBN: 978-85-88886-71-1

EDITORA ISIS LTDA
www.editoraisis.com.br
contato@editoraisis.com.br

Índice

	A aura e seus principais chakras	7
	Prólogo	9
1.	A Reunião	11
2.	Declarações do Governo Mundial	22
3.	O Antídoto	34
4.	A Abdução de William	48
5.	Daniela e Fernando	55
6.	Morre o Primeiro Abduzido	67
7.	Desvendando o Mistério	84
8.	A Nave	94
9.	O Planeta Artísia	99
10.	A Fuga	114
11.	A Farsa de Ádma	130
12.	A Captura	139
13.	O Plano	144
14.	Contatos	152
15.	Lena tem uma Visão	156
16.	Numero do Capitulo Repetido	163
17.	Clara Conversa com seu Mentor	169

18. William Acorda na Nave 178

19. Reencarnações 183

20. O Motim 192

21. De Volta para Casa 203

22. Revelações 216

23. Adma E William..223

24. Clara e Otto...229

25. Obsessão..247

26. A União 263

27. O Milagre da Vida...272

28. Novos Rumos...276

Epílogo 279

A Aura e seus Principais *Chakras*

Aura – A aura é um campo energético que envolve o nosso corpo físico e nos dá a leitura do que ocorre no organismo em nível físico e emocional. Nossa aura tem sete faixas, cada uma tem uma cor e cada cor está relacionada com a cor dos nossos chakras.

Chakras Possuímos sete *chakras* principais. Eles são centros geradores de energia que distribuem essa energia vital para os nossos corpos físico e etéreo.

- *Básico (base da coluna vertebral)* – Conecta-nos às energias da terra, que nos enraíza.
- *Sacro (quatro dedos abaixo do umbigo)* – Centro do desejo sexual e da potência procriadora.
- *Plexo solar (acima do umbigo)* – Centro do poder pessoal.
- *Coração (no centro do peito)* – Centro da essência divina, do amor universal, que equilibra os três primeiros com os três últimos.
- *Laríngeo (na garganta)* – Fonte da expressão e da comunicação criativa.
- *Terceiro olho (entre as sobrancelhas)* – Centro dos poderes psíquicos.
- *Coroa (no topo da cabeça)* – Conecta-nos com a energia divina.

Prólogo

"A presidente do planeta Terra, Rose Devaux, e o representante do governo brasileiro, Hélio Giovano, divulgaram esta manhã os nomes dos integrantes da comissão que irão compor a diretoria da FEO (Federação para Estudo de OVNIs). Será uma união de conceituados especialistas. É preciso admitir que a grande nave que sobrevoa o planeta, há mais de cinco anos, continua a ser um mistério para a humanidade.

O objetivo da comissão da FEO é acelerar as pesquisas realizadas na tentativa de desvendar o enigma dos alienígenas, unificando a inteligência estratégica do planeta.

Foram selecionados oito cientistas de renome internacional, que começarão a se reunir na semana que vem. São eles:

- *Clara Azevedo Damasco*
  Profissão: médica abdulogista (especialista em *Chakras*).
  Idade: 28 anos.

- *William Oliveira*
  Profissão: médico aurologista (mestre em Análise Terapêutica da Aura).

Idade: 46 anos.

- Márcia *Valverde*
Profissão: professora de "Profetas e Profecias" do curso de Filosofia da Universidade do Estado do Rio de Janeiro.
Idade: 24 anos.

- *Jonas Camargo*
Profissão: locutor de revistas virtuais.
Idade: 26 anos.

- *Thiago Camargo*
Profissão: engenheiro de foguetes espaciais.
Idade: 26 anos.

- *João Carlos Carptner*
Profissão: farmacêutico, professor universitário (referência em pesquisa avançada de alienígenas).
Idade: 41 anos.

- *Elisa Carptner*
Profissão: médica imunologista (doutora em Engenharia Genética e Sistemas Virtuais Científicos).
Idade: 34 anos.

- *Lena Lion*
Profissão: bióloga (Doutorado em Zoologia, sensitiva de nível III).
Idade: 96 anos."

(Fonte: *Jornal Virtual*. Governo nomeia comissão para estudar os extraterrestres. Rio de Janeiro, 26 fev. 2118.)

A Reunião

Acordei assustada com o sinal do computador. Olhei ao redor, procurei Marcos, mas o quarto estava vazio. Pedi ao sensor ao lado da cama que iniciasse o dia. Respondendo ao comando de minha voz, tudo começou a funcionar: a banheira encheu-se de água, a cafeteira e a torradeira ligaram-se, e após alguns instantes, Tchuca, a robozinha da casa, veio trazer o café da manhã. Perlo e Estrelinha, meu cão e minha gata de estimação, deitaram-se ao meu lado na esperança de ganharem um pedaço de torrada.

Tomei o café apressada, afaguei os animais e fui para o banho. Antes, pedi ao computador que me ditasse a agenda do dia.

– "Bom dia, Clara!" – falou o computador. – "Hoje é 1º de março de 2118. Às 08h00min terá reunião na sede da FEO – Fundação para Estudo de OVNI's. – Às 10h15min dará uma entrevista na rede de televisão WRT; às 11h30min tem um encontro marcado com Dr. João Carlos Carptner na Universidade Federal..."

– PARE! – gritei, do banheiro.

Imediatamente, o som foi interrompido, e a imagem de Dr. Carptner me veio à cabeça: um homem de aproximadamente quarenta anos, alto, de pele morena e cabelos grisalhos, farmacêutico, professor universitário, considerado uma grande autoridade em estudos avançados de extraterrestres. Fomos apresentados uma semana antes, quando o governo nomeou a comissão de estudos do mistério da nave espacial que sobrevoa nossas cidades. Na ocasião, tentei me aproximar do casal Carptner, mas fui tratada friamente por ambos. Tive dificuldade em visualizar suas auras.

— "Casal esquisito..." – pensei.

O computador anunciou uma ligação. Era Marcos, em sua projeção interativa em 3D:

— Oi, meu amor! Está acordada? Não estou vendo nada; seu PH[1] está desligado.

— Estou saindo do banho. – respondi.

— Oba! Então ligue o PH para eu vê-la sair do banho...

— Deixe de ser bobo, Marcos; estou atrasada para uma reunião da FEO. Vamos almoçar juntos?

— OK! Nos encontramos às 12h30min na praça de alimentação. Beijos.

— Tchau, meu amor.

O computador desligou, e respirei fundo. Eu amava Marcos, e éramos felizes juntos.

A Terra se tornara um planeta perfeito, paraíso de paz e harmonia. Desde que os homens aprenderam a visualizar a aura de seus semelhantes, extinguiram-se os crimes e a violência. A percepção sensorial de cada indivíduo aumentou significativamente, possibilitando ao ser humano perceber o sentimento do outro. Assim, era muito difícil enganar ou ser enganado.

A ciência energética dos *chakras* era matéria obrigatória desde o primeiro ano escolar. As crianças eram alfabetizadas aos quatro anos de idade e, aos cinco, aprendiam a visualizar as auras de plantas e animais.

---

1. Espaço doméstico para projeção de hologramas

Sentimentos negativos como egoísmo, orgulho, intolerância e outros eram identificados e tratados na infância. A maioria dos *karmas* baseava-se em dívidas morais de relacionamento. A revolução religiosa, provocada pela consciência global da presença da aura com seus *chakras*, no ano de 2066, fez o mundo evoluir espiritualmente, e o amor passou a ser pregado por todos os habitantes do planeta.

Foi um susto para a humanidade quando surgiu um OVNI sobrevoando o Rio de Janeiro. Há mais de cinco anos a Terra vinha sendo visitada diariamente por uma grande nave espacial, e até então, não sabíamos quem eram eles, de onde vinham e o que queriam de nós. Há alguns meses, notícias sobre abduções[2] invadiram os jornais virtuais. Pessoas desapareciam durante a noite. Sentiam-se flutuando e lembravam-se do momento em que chegavam à nave. Nada mais do que isso. Depois, acordavam novamente em suas casas. O mundo estava assustado. O Brasil, principalmente, onde a nave aparecia com maior frequência.

Fui interrompida em meus pensamentos por minha gata Estrelinha, que pedia sua ração; acionei a robozinha Tchuca para lhe oferecer alguns petiscos felinos, e Estrelinha ronronou agradecida. Programei o sistema autolimpante do apartamento e dirigi-me à garagem.

Entrei em meu carro e ativei-o com comando vocal, indicando a sede da fundação. O automóvel emitia uma energia antigravitacional; flutuava a até seis metros de altura e atingia uma velocidade de quatrocentos quilômetros por hora.

Cheguei à sede da FEO em menos de cinco minutos. Pedi desculpas pelo atraso, fui a última a chegar. Sentei-me à mesa junto dos outros sete integrantes da comissão.

---

2. Nome dado ao ato dos alienígenas de sequestrar seres humanos

William Oliveira, um simpático senhor de 46 anos, começou a falar. Uma vasta cabeleira branca caía-lhe pela testa, escondendo grandes olhos azuis. Seu sorriso era largo e contagiante.

– Bom dia!

– Bom dia! – respondemos em coro.

William continuou, entusiasmado:

– É um prazer estar aqui, em companhia de pessoas tão ilustres e respeitadas pela ciência de nosso planeta! Todos se conheceram no dia em que o governo nomeou a comissão, portanto, dispenso as apresentações. Gostaria de iniciar a reunião perguntando se alguns de vocês já sofreram a abdução. Eu passei por essa experiência nove vezes e...

– Eu e minha esposa já fomos abduzidos treze vezes! – interrompeu João Carlos Carptner – estamos dentre as quinze pessoas mais abduzidas do planeta nas últimas dezoito semanas!

Elisa Carptner era médica imunologista e pareceu tão seca quanto o marido ao falar:

– Ando me sentindo muito cansada nos dias pós-abdução. No início, isso não acontecia...

– Parece que não temos mais abduzidos na comissão – disse William, após um silêncio – por isso, passo a palavra para Márcia Valverde , professora da matéria "Profecias e Profetas", da Universidade de Filosofia do Estado.

Márcia levantou-se, agradeceu e introduziu um *chip* no computador. Sua juventude e sua beleza chamaram a atenção dos gêmeos Jonas e Thiago Camargo.

No espaço para projeção apareceram vários nomes de profetas e filósofos da humanidade. Márcia começou a explicar:

– Selecionei seis previsões que falam sobre extraterrestres. Acredito que possamos usá-las em nossos estudos. Somos uma comissão designada para tentar desvendar o mistério da nave espacial. Como não temos nada de concreto em que nos basear, acho que as profecias poderão nos ser úteis. Citarei em primeiro lugar Francisco Lustosa, paulista que viveu no início do século XXI. Segundo Lustosa, os extraterrestres não viriam em paz. Seriam uma grande ameaça à saúde energética da humanidade; provocariam mortes, e o planeta poderia ser destruído. Providências imediatas deveriam ser tomadas logo após o aparecimento da grande nave e...

Jonas interrompeu, exaltado:

– Mas a nave sobrevoa nossas cidades há mais de cinco anos!

Jonas e seu irmão Thiago eram dois grandes cientistas. Jonas trabalhava também como locutor de um programa de TV e apresentava, diariamente, estatísticas sobre abduções. Os irmãos Camargo, solteiros e bonitos, também despertaram o interesse de Márcia, que exclamou:

– Jonas tem razão! Cinco anos se passaram, e não descobrimos nada! Nossas tentativas de contatos foram em vão; os aviões hipersônicos chegam perto da nave, mas ela foge em velocidade inalcançável.

Thiago emitiu pontos escuros de preocupação em sua aura ao falar:

– Algo me diz que, se não traçarmos planos imediatos, seremos pegos de surpresa pelos ET's...

Lena Lion, uma senhora de 96 anos, que até então escutava, atenta, disse com convicção:

– Acredito que a formação de nossa equipe já seja o primeiro passo para descobrirmos quem são esses seres alienígenas!

No século XXII, as pessoas estavam livres das doenças genéticas, que eram identificadas e banidas na fase fetal, eram possuidoras de grande tecnologia destinada à saúde, visualizavam as doenças na aura antes que elas atingissem o corpo físico e viviam, em média, cento e cinquenta anos. A partir dos cento e vinte, podiam optar por viver em asilos mantidos pelo governo, onde desfrutavam de conforto e distrações, além de toda a assistência médica e psicológica necessária. Os idosos produziam conhecimento e trabalhavam, recebendo os mais novos para aconselhamento. Os asilos eram tão luxuosos que muitos ansiavam a velhice.

William concordou com Lena Lion:

— Nossa comissão deverá salvar a humanidade.

— "É muita responsabilidade..." – pensei.

— O grande problema – disse Carptner – é a falta de dados. Lidamos com seres desconhecidos que nos visitam com frequência e temos um índice de abduções que cresce assustadoramente. Eles não respondem às nossas investidas de comunicação. Preferem manter-se em misterioso silêncio.

— Fale um pouco mais sobre sua experiência com a abdução, – pediu Thiago.

Pela primeira vez, percebi um pouco de emoção na aura de Carptner ao escutá-lo dizer:

— Como todos sabem, acontece sempre de madrugada, após adormecermos. Sou acordado por uma luz forte que inunda meu quarto, ofusca meus olhos e me paralisa. De repente, percebo que estou flutuando em alta velocidade; vejo o céu, as estrelas e sinto a brisa gelada da noite em minha fronte. Aproximo-me cada vez mais da grande nave, até estar dentro dela. Não consigo reagir, e uma sensação de letargia toma conta do meu corpo. Vários extra-terrestres de aparência humanoide se aproximam, conduzem-me a uma mesa e injetam em mim uma substância que tira meus sentidos. Até onde se sabe, nenhum abduzido lembrou-se de algo mais que isso. No dia seguinte, acordamos em nossas camas como se nada tivesse acontecido.

Lena Lion dirigiu-se a Jonas:

— Qual o perfil do abduzido?

Jonas se aprumou ao responder:

– Os abduzidos têm entre vinte e oitenta anos; 50% homens, 50% mulheres, possuem currículos invejáveis, são, na maioria, doutores, cientistas e professores. Estão em nível evolutivo máximo para o planeta Terra, sem mais *karmas* a cumprir, apenas algumas dívidas em relacionamentos. A maioria cumpre missões. Das abduções, 80% ocorrem no Brasil, e os 20% restantes, em outros países da América do Sul. Temos hoje 1.128 abduzidos registrados nas últimas dezoito semanas, e quinze pessoas já estão em sua décima terceira abdução.

Jonas mostrou um gráfico no espaço para projeção.

– O aumento de casos é assustador! – falei, indignada.

– Todas as profecias do século XXI em diante são negativas. – disse Márcia – Elas afirmam que os extraterrestres não vieram para o bem, e uma fala em guerra fria, sem sangue, envolvendo apenas os sentimentos. Não sei o que isso quer dizer. Ouçam estas frases de um profeta oriental:

"O mal virá do céu. Uma terrível guerra lenta e invisível acontecerá, muitos morrerão e terão de renascer em outro lugar, pois a Terra sofrerá uma grande ameaça. Só uma poderosa energia salvará a humanidade."

– Resta-nos agora – disse Jonas – saber se a guerra já não começou.

– Não acredito nisso. – interferiu Elisa – Nunca ninguém saiu ferido de uma abdução.

Tentei visualizar a aura de Elisa e, com muita dificuldade, enxerguei uma energia estranha em seus *chakras*, pareciam estáticos; fixei meus olhos nos dela e respondi:

– Elisa, você mesma afirmou, há pouco, que se sentia fraca e cansada após a abdução; não seria isso o início de uma guerra?

William entrou na conversa demonstrando sensatez:

— Aparentemente, não há nenhuma atitude agressiva por parte dos extraterrestres. Eles nem ao menos descem à Terra.

— O governo cogita uma guerra interplanetária. – insistiu Jonas.

— Santo Deus! – choramingou Lena – Levamos séculos para ficarmos livres das guerras e da violência. Os homens quase destruíram o planeta no desenrolar das guerras dos séculos passados. Vivemos épocas de sofrimento e terrorismo. Foi preciso que as mulheres tomassem a frente na gestão do planeta para que a paz voltasse a reinar. E agora, após anos de tranquilidade, o mundo volta a falar em guerra. A humanidade está despreparada para lidar com atitudes agressivas Sempre acreditamos que, se algum dia, fôssemos visitados por outros seres, estes seriam evoluídos espiritualmente e viriam em paz. Não temos armas nem exércitos, não temos como nos defender de um possível ataque dos alienígenas.

William esclareceu, atencioso:

— Está enganada, Sra. Lion, temos armas sim, porém guardadas há mais de cinquenta anos. Existem equipes designadas para a inspeção do arsenal; a presidente do planeta falará sobre isso em sua entrevista de hoje à tarde, em rede mundial.

Thiago disse, em tom pensativo:

— Mais importante do que termos armas é sabermos quais são as armas deles...

Achei que era a hora de intervir:

— Pois bem, o destino da Terra está nas mãos de seres desconhecidos que provavelmente vieram para nos causar mal, segundo sugerem as profecias. Para lutarmos contra eles, precisamos saber quem são e quais são as suas armas. Estranhamente, nossos aparelhos não detectam nenhum tipo de energia vital vinda da nave. Parece que possuem uma proteção energética e, assim, evitam que saibamos de suas intenções...

Jonas me interrompeu, falando com ironia:

– E enquanto não descobrimos suas intenções, esperamos passíveis que nos destruam!

– Calma, Jonas! – exclamei, retomando a palavra – Eu ainda não terminei. Precisamos descobrir o que os extraterrestres fazem com os abduzidos nos períodos que eles passam na nave. Existe um projeto ultrassecreto que visa a identificar a substância anestésica que é aplicada nos humanos após a chegada à nave espacial. Pesquisas evidenciam a presença de um sal desconhecido na corrente sanguínea dos abduzidos por pelo menos 24 horas após a abdução. Sabe-se que essa substância que os ET's aplicam nos abduzidos, denominada por nós de X1, é atóxica e não interfere no metabolismo orgânico. Dentre nós, apenas William e eu sabíamos dessa experiência, e obtivemos permissão para contá-la aos membros da comissão. Precisamos de sigilo absoluto.

– O objetivo dos cientistas é isolar um antídoto para o suposto anestésico aplicado na nave, de modo que os abduzidos permaneçam acordados durante a abdução – completou William.

– Mas isso é fantástico! – falou Thiago – Isso sim é um grande começo!

– Será que, quando o profeta paulista se referiu a uma guerra invisível, ele quis dizer uma guerra química? – indagou Márcia.

– Pode ser... – respondeu Carptner, sem acreditar muito.

Olhei bem para Carptner; tive dificuldade de enxergar seus sentimentos. – Senti um arrepio. – *"Se a humanidade aprendesse a esconder seus sentimentos, o mundo retrocederia."*

Márcia voltou a falar:

– As previsões citam ainda, com frequência, a palavra "frio":

"Um frio que vem de dentro, que nem o Sol, nem qualquer outra fonte de calor irá aquecer."

– Ouçam esta:

"*O frio é intenso, o fogo não queima, a luz não ilumina, e a humanidade caminhará para as trevas.*"

Estremeci ao escutar as previsões.

– Isso tudo pode ser fantasia! – exclamou Elisa, com irritação – Não sei o porquê de nós, cientistas conceituados, estarmos aqui reunidos falando de suposições proféticas. "*A humanidade caminhará para as trevas.*" O que realmente isso quer dizer? Precisamos de dados concretos, de fatos, e não de suposições. Como mostra o gráfico de Jonas, as abduções estão se tornando uma epidemia. Tem de haver uma forma de contê-las. Se os alienígenas não conseguissem nos transportar para a nave, teriam de descer e nos dizer o que querem.

– Pretende inventar uma vacina antiabdução, Dra. Carptner? – perguntou Jonas, em tom de deboche.

Não deixando que Elisa respondesse as provocações de Jonas, William falou, com firmeza:

– Pretendemos neutralizar o anestésico que nos é aplicado na nave. A substância que neutralizará o anestésico X1 já está praticamente isolada nos laboratórios da Universidade; está em fase de testes finais *in vitro*.

João Carlos Carptner interrompeu William:

– Apesar dos comentários de minha esposa sobre as previsões dos profetas, hei de confessar que, de uns tempos para cá, ando sentindo muito frio, principalmente nos dias após a abdução...

– Não podemos desacreditar os profetas. – falou a anciã Lena Lion – As informações recebidas por eles de outras dimensões, às vezes, chegam distorcidas, mas têm sempre um fundo de verdade. Mas concordo com Elisa, temos de encontrar fatos para basearmos nossas pesquisas neles.

William concluiu:

– Espero ter informações mais concretas sobre o antídoto do anestésico para apresentar na próxima reunião. Infelizmente, nosso tempo está esgotado. Gostaria de lembrar a todos que hoje é somente o ponto de partida. Não devemos exigir de nós mesmos, soluções rápidas. Vamos trabalhar com calma e em equipe, sem desânimos e críticas, e sempre com fé na ajuda de Deus. Não comentem com ninguém sobre o antídoto. Não toquem nesse assunto em rede; os extraterrestres devem tê-la interceptado.

William despediu-se de todos, e pouco a pouco, os integrantes da comissão foram deixando a sede da FEO.

Declarações do Governo Mundial

Cheguei à rede de televisão ainda a tempo de tomar um café. Havia um alvoroço no local por causa da entrevista com a presidente do planeta, agendada para aquela tarde.

A presidente Rose Devaux era francesa e estava em visita ao Brasil para investigar o aparecimento do OVNI. O Brasil, maior centro de aparições da nave espacial e de abduções ocorridas no mundo, atraía turistas, estudiosos, cientistas e curiosos de todas as partes.

Recostada no balcão, fiquei observando os repórteres à minha volta. Alguns vieram falar comigo:

— Dra. Clara, a senhora vai dar uma entrevista sobre a comissão da FEO?

— Não. Estou aqui como médica abdulogista; darei algumas orientações clínicas aos abduzidos.

— Hoje foi a primeira reunião da FEO. – insistiu o repórter – A que conclusões chegaram?

— Esse é outro assunto; agora falarei sobre providências clínicas a serem tomadas pelo indivíduo após a sua abdução.

Por sorte, fui chamada para entrar no ar, ficando livre das perguntas inconvenientes.

A entrevista foi tranquila. Todo abduzido deveria procurar uma unidade médica no dia seguinte ao da abdução, para exames de rotina e acompanhamento profissional. Seriam realizados exames físicos, análises bioquímicas, exames de ressonância e fotos Kirlian[3] para o estudo aprofundado da aura. Saí da rede de TV e fui direto para a universidade encontrar-me com o Prof. Carptner. Era estranho que ele tivesse marcado comigo, já que tínhamos acabado de nos ver na reunião da FEO.

Cheguei à sala de Carptner e fui atendida prontamente. Parecia que esperava com ansiedade. A sala estava quente e abafada. Ele me conduziu a uma poltrona e se acomodou em um banquinho muito próximo, causando-me constrangimento; estranhei que não tivesse percebido o desconforto em minha aura e se afastado. Ofereceu-me um copo d'água, que aceitei com gosto. Notei que suas mãos estavam trêmulas e que, mesmo o dia tendo esquentado, Carptner continuava usando casaco. Olhei para o termômetro interno, que marcava 35ºC.

– Carptner, por favor, você poderia diminuir a temperatura do ambiente? – perguntei, com delicadeza.

Carptner se desculpou, enquanto ajustava a temperatura para 28º.

– Como comentei na reunião hoje cedo, ando sentindo muito frio. Parece que começou após minha décima abdução. Elisa também sente, mas não quer admitir, e é para falar dela que a chamei aqui, Clara.

– O que está acontecendo? Algum problema com Elisa? – indaguei, curiosa.

---

3. Técnica para fotografar aura, desenvolvida pelo casal Kirlian- União Soviética, 1939.

– Sei que é uma das médicas abdulogistas mais conceituadas do país, e apesar de não ser você que nos acompanha, gostaria que analisasse nossos exames e entrasse em contato com nosso médico.

– Mas o que está acontecendo? – insisti.

– Pois bem, estou muito preocupado com minha saúde e com a de minha esposa. Estamos nos sentindo muito fracos. Elisa está pior. Dorme o tempo todo e, quando acorda, está irritada. Tenho dificuldade em visualizar sua aura, não consigo enxergar seus sentimentos. Os exames das fotos Kirlian estão normais, mas nós não estamos normais, entende? Qualquer ser vivo demonstra seus sentimentos na aura, mas, no nosso caso, isso não está acontecendo. Teoricamente, é impossível, mas realmente, parece que nossas auras estão ficando estáticas.

– Mais algum abduzido tem se sentido assim?

Carptner respondeu cabisbaixo:

– Todos os que atingiram a décima viagem à nave...

Percebendo que eu permanecia séria e em silêncio, ele continuou:

– Estamos com muito medo, Clara. Gostaria que olhasse nossos exames e entrasse em contato com os médicos abdulogistas que tenham pacientes que já ultrapassaram a décima abdução. Todos os dias, Elisa e eu vamos dormir apreensivos com a possibilidade de os extraterrestres virem nos buscar. Até então, as abduções não interferiam em nossas vidas. Agora, começaram a nos causar problemas. O médico abdulogista que nos atende não identificou nada em nossas auras. Nossas emoções e sensações estão ocorrendo apenas no nível do corpo físico, e isso é impossível, entende?

Afirmei com a cabeça e perguntei:

– Por que não falou sobre ists hoje, durante a reunião?

– Elisa não quer admitir o que está acontecendo conosco. Ela está muito irritada, não quero aborrecê-la ainda mais, tocando nesse assunto na frente de todos.

Nesse momento, meu computador de pulso deu um sinal. Era Marcos, avisando que estava me esperando na praça de alimentação. Não havia me dado conta de que já eram treze horas. Pedi para Carptner passar os exames para o meu computador de pulso, prometendo vê-los com atenção e entrar em contato com seu médico o mais rápido possível.

Durante o caminho, refleti sobre meu encontro com Carptner. Em pouco tempo, aquela história de sentimentos não demonstrados nas auras seria de conhecimento público, assim como o sofrimento dos abduzidos. O número de abduzidos estava crescendo assustadoramente, e essas informações poderiam causar pânico na população.

Cheguei à praça de alimentação e corri ao encontro de Marcos, que me esperava, impaciente. Entramos no restaurante do governo. A comida era variada, saborosa e gratuita.

Alimentação, educação, saúde e moradia eram direitos de todos.

– Por que demorou tanto? – perguntou Marcos, pegando os pratos e entrando na fila.

– Aconteceram tantas coisas... – respondi, de modo vago, enquanto me servia de verduras.

Marcos insistiu:

– Sua aura apresenta pontos escuros de preocupação; não quer se abrir comigo?

Olhei-o com carinho e esclareci:

– Acabei de vir da universidade, onde fui me encontrar com Carptner. Fiquei muito preocupada com o que ele disse. O casal Carptner faz parte de um grupo de pessoas que atingiu a décima terceira abdução. Até a décima abdução, nenhum deles havia apresentado sintomas físicos ou psicológicos relacionados com a viagem. Porém, agora, os abduzidos adiantados começaram a manifestar cansaço, irritação e, principalmente, frio. O mais estranho é que esses sentimentos não aparecem nas auras dos abduzidos, apenas no corpo físico.

– Mas como isso é possível? – indagou Marcos, espantado.

– Não sei... Ninguém sabe. O que mais me preocupa é que a divulgação dessas informações pode causar pânico na humanidade. Mais cedo, na reunião da FEO, lemos algumas profecias relacionadas com os ET's. Várias citam uma guerra fria, sem sentimentos. Parece fazer sentido, acho que a guerra já começou.

– Você acha que vamos todos morrer?

– Não seja exagerado, Marcos.

– A presidente falará sobre isso na entrevista hoje à tarde?

– Acredito que sim. Ela já deve ter sido avisada pelos médicos que tratam de pacientes que atingiram a décima abdução.

Continuei a descrever para Marcos os acontecimentos daquela manhã; ele escutava atento, enquanto almoçava. Falei rapidamente das pesquisas científicas para neutralizar o X1 – anestésico aplicado nos humanos abduzidos após a chegada à nave. – Não quis conversar mais no restaurante, alguém poderia escutar. Apressei Marcos para que fôssemos logo para casa; estava quase na hora da entrevista com a presidente.

Assim que chegamos, o cãozinho Perlo e a gatinha Estrelinha vieram correndo ao nosso encontro. Marcos ligou o PH (espaço para projeção de hologramas) com o comando de sua voz. Acomodei-me em uma poltrona flutuante, e Estrelinha veio aninhar-se no meu colo, ronronando. Perlo deitou-se aos pés de Marcos.

– Quando será a próxima reunião da FEO?

– Não sei... Talvez amanhã; William ficou de avisar.

– Olhe – disse Marcos, apontando para o espaço de projeção – a entrevista da presidente vai começar.

– "Boa tarde, habitantes do planeta Terra!" – saudou o locutor Wilson Moura, em rede mundial. – "Temos a honra de receber em nossos estúdios a Dra. Rose Devaux, que veio ao Brasil em visita especial, em decorrência do aumento de casos de pessoas abduzidas no nosso país. Boa tarde, senhora presidente!"

– "Boa tarde, Wilson! Boa tarde, irmãos e companheiros de planeta! É um prazer imenso estar mais uma vez neste país maravilhoso, de riquezas naturais tão cuidadosamente preservadas. É pena que o motivo que me traz a este paraíso seja um assunto que foge totalmente ao controle do governo."

Aquele comentário da presidente me irritou.

– Ela está tirando o corpo fora. – falei.

Wilson Moura continuou:

– "O governo tem alguma suposta explicação para o aparecimento da nave?"

– "Infelizmente, não. Até aonde conseguimos alcançar no espaço, não se encontrou vida inteligente. Sabemos que existem muitos planetas habitados dentro da imensidão do universo e que, neles, as almas passam por diversos estágios de evolução, porém não conhecemos esses planetas, não sabemos de onde veio a nave. Outros seres, como os *grays*,* visitaram a Terra por milênios, mas já estão sumidos há algumas décadas. Por maiores que fossem os esforços dos ufólogos, nunca nos deixaram saber suas reais intenções."

– "O governo cogita a possibilidade de guerra?"

– "O governo é contra qualquer iniciativa de guerra. Vivemos em absoluta paz há quase um século, e sei que todos gostariam que continuássemos assim. No ano de 2113, quando a nave surgiu no céu dos centros urbanos, o governo, por precaução, investiu na reabilitação de nosso arsenal, para nos defendermos de um possível ataque alienígena. Temos grande suprimento de armas, mísseis e bombas paralisantes. Mas não tomaremos o primeiro passo, porque, na verdade, eles estão aqui há cinco anos e nunca nos fizeram mal. O amor que une todos os habitantes do planeta pode ser a nossa principal arma."

– "A senhora acredita que os ET's tenham vindo bem-intencionados?"

– "Não se fala em outra coisa nos últimos cinco anos. A princípio, pensou-se que fossem pesquisadores espaciais, já que nada acontecia; depois vieram as abduções, que, de uns meses para cá, têm aumentado muito. Hoje pela manhã, conversei com um médico abdulogista, que me relatou alguns casos de pacientes que atingiram a décima abdução e não estão se sentindo bem. O mais estranho é que essas sensações não são visualizadas nas auras dos abduzidos. Esse é um fenômeno que não conseguimos entender."

– "A senhora acha que os abduzidos estão correndo risco de vida?"

– "Por enquanto, não devemos pensar no pior."

– Ela vai esperar um abduzido morrer para achar que existe risco! – exclamei, revoltada.

– Fique quieta, Clara – reclamou Marcos – vamos ouvir a entrevista.

– "A comunidade científica" – falava a presidente – "prometeu publicar estudos mais detalhados sobre esses fenômenos nos próximos dias. Caso algum mal aconteça a nossos irmãos, pensaremos em guerra."

Não consegui mais ficar quieta e explodi:

– Mas o mal já está acontecendo! Os abduzidos mais frequentes não parecem pessoas normais!

– Clara, vamos ouvir a presidente, depois você fala...

Silenciei em respeito a Marcos e voltei a escutar a entrevista.

– "O governo tem projetos em andamento visando a estratégias menos agressivas. A comissão da FEO começou a se reunir hoje com o objetivo de estudar a presença dos ET's."

– Sabia que ela ia jogar a bola para a gente! – exclamei.

Marcos me olhou de cara feia.

Wilson Moura perguntou:

– "A senhora pode nos dizer quais são os planos do governo?"

– "O assunto é de caráter confidencial. Não podemos correr o risco de que esses projetos caiam nas mãos dos ETs; temos medo de divulgá-los e eles serem captados pela nave. Nós não conhecemos suas armas; não sabemos o que querem de nós. Mas se são capazes de construir naves tão velozes, podem também ter armas muito poderosas. Por isso, precisamos tomar cuidado. Só posso adiantar que pesquisas estão sendo desenvolvidas nas universidades."

– "Nós, brasileiros, somos as principais vítimas das abduções. O que acha disso?"

– "Gostaria de pedir calma e paciência aos meus irmãos deste lindo país. Não temos outra opção a não ser continuar esperando."

– "Qual a sua opinião sobre o fenômeno das sensações?"

– "Essa informação é recente. Conversei com os cientistas hoje pela manhã. Talvez seja uma forma de os ET's se protegerem, evitando que o que acontece na nave fique registrado nas auras dos abduzidos, ou então, um efeito colateral da anestesia, denominada de X1. Não sei... São apenas suposições, devemos aguardar as conclusões dos cientistas e da comissão da FEO."

Wilson Moura encerrou a entrevista.

Marcos desligou a TV interativa e falou:

– A presidente está com muitas esperanças na sua comissão, meu amor. Assim, todos passarão a achar que vocês resolverão o problema.

– Nossa comissão não vai realizar nenhum milagre. Por enquanto, estamos apenas estudando as profecias que parecem catastróficas.

– Você falou que algumas delas citam uma energia que poderá salvar o planeta. Precisamos descobrir que energia é essa.

Levantei-me da poltrona, e Estrelinha deu um miado agudo para mostrar sua indignação por ter de sair do meu colo. Marcos me acompanhou até a varanda, e por alguns instantes nos mantivemos quietos, pensativos... Admirando a beleza do mar.

No ano de 2056, grande parte do Rio de Janeiro e de outras cidades litorâneas foi invadida pelas águas. Com a destruição da camada de ozônio e o aumento da temperatura do planeta, o nível do mar subiu vários metros. Parte das calotas polares havia se derretido, inundando cidades e fazendo a superfície terrestre diminuir significativamente. Foi então que um cientista japonês revolucionou o mundo, descobrindo uma energia que anulava parte da gravidade, permitindo que prédios inteiros flutuassem a até seis metros de altura. A nova descoberta passou a ser usada também em automóveis e transportes coletivos. Tudo flutuava: supermercados, *shoppings*; edifícios de até dez andares erguiam-se acima do nível do mar. O calçadão de Copacabana, réplica perfeita do modelo criado no século XX, também flutuava, mantendo seus atrativos turísticos.

Morávamos em um apartamento cedido pelo governo, que não era grande, porém, muito confortável e todo automatizado.

O meio de transporte popular era o aerobus, que fazia a viagem do solo aos edifícios flutuantes de graça para a população. No centro das moradas, estava a praça de alimentação que avistávamos de nossa varanda.

Marcos me abraçou e falou:

— Não vamos deixar que esses extraterrestres nos destruam, precisamos confiar em Deus. E me beijou com paixão.

Perlo começou a latir.

Olhei meu computador de pulso e falei, afastando-me:

— Minha mãe está me chamando, vou para o PH para visualizá-la melhor.

Liguei o PH, e apareceu a imagem tridimensional de mamãe, falando sem parar:

– Clara, minha filha, você precisa vir para casa. Seu irmão Fernando teve aquele sonho da abdução noite passada. Ele já deveria ter ido ao médico, mas não quis falar com ninguém. Nando está muito estranho, Clara. Trancou-se no quarto e não quer abrir a porta. Acho que só você vai conseguir tirá-lo de lá. Foi depois da entrevista da presidente, por causa daquela história das sensações, está todo mundo comentando... Já bati à porta do quarto, já gritei, mas ele não responde. Todo abduzido tem de ir ao médico, não é? Tenho medo de que seu irmão morra... – e começou a chorar.

– Calma, mãe, estou indo.

Desliguei o PH e virei-me para Marcos, que acabara de entrar na sala:

– Meu irmão foi abduzido, e lá se vai o resto do meu dia. Quem sabe à noite sobre um tempinho para nós?

Marcos beijou meus lábios carinhosamente e sorriu, compreensivo.

Passei na casa de minha mãe e convenci Fernando a irmos juntos para o hospital. Chegando lá, encaminhei-o para a sala de exames de abduzidos na Unidade Clínica.

– Eu vou morrer, não é, Clara? Estão falando por aí que abduzidos já morreram e o governo está escondendo isso da gente.

Ri, jogando a cabeça para trás.

– Que mentira descabida! Esse povo inventa cada uma...

– Mas vocês da FEO e o governo estão escondendo alguma coisa das pessoas. Conseguimos identificar esses sentimentos na aura de todos da comissão.

– A presidente falou sobre isso na entrevista. Não podemos divulgar certas informações para que elas não sejam captadas pelos ET's; só por causa disso. Você e todo o resto da população precisam confiar em nós.

— E essa história de apagar os sentimentos das auras? Será mesmo possível?

— Isso começou a acontecer agora, com pessoas que foram abduzidas mais de dez vezes. Até que chegue a sua décima vez, já teremos descoberto tudo. Vamos logo fazer a análise de seu sangue e a ressonância.

Ao terminar os exames, Fernando notou pontos escuros de preocupação em minha aura e perguntou:

— Tudo bem comigo, Clara?

— Sim, estou preocupada com os outros abduzidos, os mais adiantados...

— Quero ajudar na luta contra os ET's. Não vamos deixar que eles acabem com a gente.

— Gosto de ouvir você falar assim, Nando.

Nesse instante, Delma, minha paciente abduzida mais antiga, entrou no consultório. Estava em sua nona abdução e parecia transtornada.

— Eles virão me buscar de novo, Dra. Clara — falou, aos prantos — Estou sentindo que vai ser em breve. Não quero chegar à minha décima abdução e perder meus sentimentos!

Eu não tinha nada a fazer, a não ser consolá-la de seus lamentos:

— Temos de ser otimistas, devemos ter fé em Deus e acreditar que tudo acabará bem.

Delma estava um pouco mais calma ao dizer:

— Ontem estive no CURSO — Centro Único Religioso e Social Organizado — e rezei muito. Foram invocadas almas desencarnadas, mas nenhum habitante de nosso planeta, encarnado ou não, sabe dizer qualquer coisa sobre os extraterrestres. Forças superiores pedem fé. Só nos resta rezar e confiar em Deus.

– Foi exatamente isso que falei. – respondi – Você deveria rezar e confiar em Deus.

– Em Deus e na senhora, Dra. Clara. Fiquei sabendo que foi chamada para fazer parte de uma comissão que irá derrotar os ET's.

– Sim, faço parte dessa comissão, mas não sabemos ainda como faremos para vencer nossos visitantes desconhecidos. Tomara que consigamos descobrir uma forma de deter as abduções.

Despedi-me de Delma, encaminhando-a para a porta. Voltei correndo ao consultório para reencontrar meu irmão.

Nando era um rapaz tranquilo, quieto. Trabalhava em uma empresa de preservação da natureza e passava a maior parte do tempo estudando bromélias e outras plantas da Mata Atlântica. Notei que estava apreensivo. Resolvi convidá-lo para jantar comigo. Fomos juntos para a praça de alimentação, e depois, deixei-o em casa, seguindo para meu apartamento. Aquele tinha sido um dia fatigante. Agora só pensava em tomar um banho e relaxar.

O Antídoto

Precisei sair cedo na manhã seguinte. Havia marcado encontro com William no hospital. Ele estava em seu laboratório conversando com outros dois médicos, que saíram assim que entrei. Sua aura brilhava e emitia tons coloridos de alegria.

– Por que tanta animação, William? – perguntei, curiosa – há tempos não vejo uma aura tão colorida!

– Clara, você não imagina, os cientistas conseguiram isolar a substância antagonista do anestésico aplicado na nave! O antídoto está pronto, acabaram de me contar! Colocaram o nome de Z6. Imagine, Clara, a pílula Z6, que neutraliza o anestésico X1, está pronta para ser ingerida! O abduzido que a tomar ficará resistente e se manterá acordado. Olhe, as pílulas já estão comigo, começarei a tomá-las hoje mesmo.

Aquelas informações me deixaram meio zonza; não esperava que o antídoto ficasse pronto tão rápido. Fiquei apreensiva:

– Isso não pode ser perigoso, William?

– Sim, mas pode também ser a chave de tudo. Se der certo, ficarei acordado durante a abdução, fingirei estar dormindo e descobrirei o que os ET's fazem conosco. É fantástico! Serei eu o primeiro a testar a Z6.

— Como saberá o dia de sua próxima abdução para tomar o antídoto?

William segurou minhas mãos e me fitou com emoção:

— Tomarei diariamente, sinto que estamos perto de descobrir a verdade.

— Fico satisfeita com a sua coragem. Com essa descoberta, posso ter esperanças. Meu irmão foi abduzido na noite passada; minha mãe está arrasada. Mas vim até aqui por outro motivo: estive com Carptner ontem pela manhã. O casal não está bem. Carptner não quis falar nada durante a reunião, com medo de deixar Elisa ainda mais irritada. Quando se viu sozinho comigo, confessou estar se sentindo muito mal.

Percebi que a aura de William havia perdido o colorido.

— Todos os abduzidos – continuei – que atingiram sua décima viagem estão tendo reações estranhas...

— Eu sei, assisti à entrevista da presidente ontem.

— As reações são bem mais sérias do que as descritas pela presidente em sua entrevista. Os abduzidos mais adiantados estão em sofrimento. Cada vez mais fracos e com medo de morrer, sentem muito frio e se irritam facilmente. Lembra-se de uma profecia que cita um frio intenso, que vem de dentro, e que nenhum calor é capaz de aquecer? Parece que a guerra já começou!

William estava atônito.

— Difícil de acreditar, Clara...

Não deixei que ele continuasse, interrompendo-o:

— A presidente não contou toda a história para a população, provavelmente com receio de causar pânico.

— A comissão precisa saber disso. Não entendo os Carptners, porque não falaram isso na reunião?

— Como já lhe disse, João Carlos Carptner quer poupar sua esposa Elisa.

— Nós da comissão não temos de ter nossos sentimentos poupados. – reclamou William, consternado – Somos uma equipe. Vamos convocar uma nova reunião imediatamente.

— Espere, William, antes, preciso passar no consultório do médico abdulogista, que assiste os Carptners. Você não gostaria de vir comigo?

— Mas é claro, vamos agora mesmo.

A clínica particular do Dr. Sérgio Moretti era ampla e arejada. Notei que o controle de aromas estava ligado e marcava "flores do campo". Respirei fundo para sentir o odor agradável. No hospital público em que eu trabalhava, o controle de aromas ficava sempre desligado, por economia. A sala de espera estava cheia e com um clima tenso. Os abduzidos comentavam a entrevista da presidente e estavam todos nervosos. Havia também alguns jornalistas que se aproximaram assim que nos viram chegar. Esquivamo-nos deles; a secretária informou que o Dr. Sérgio iria nos atender imediatamente.

Sérgio Moretti era um homem alto, moreno, de aproximadamente 35 anos. Recebeu-nos com educação e foi logo pedindo desculpas pelo pouco tempo disponível:

— É uma honra receber em meu consultório dois membros da comissão da FEO. Estou ao inteiro dispor para ajudar no que for preciso. Lamento apenas o pouco tempo para termos nossa conversa; a entrevista da presidente, no jornal virtual de ontem, deixou os abduzidos ansiosos, e minha agenda está lotada.

— Desculpe-nos por vir sem avisar – falei, constrangida –, mas o assunto é muito importante. Sei que trata de pacientes que ultrapassaram a décima abdução e que seus estudos sobre a ausência de sentimentos nas auras serão publicados nos próximos dias. Tenho medo de que a divulgação das notícias venha a causar pânico na população. Fiquei sabendo, por meio de um paciente seu, que além dos fenômenos divulgados pela presidente, existem outras consequências assustadoras da abdução, como o frio intenso e a fraqueza da alma.

– Sim, Dra. Clara, as notícias causarão o terceiro pânico na humanidade, por conta dos extraterrestres. O primeiro foi quando a grande nave surgiu no céu; o segundo, quando começaram as abduções. E agora, os abduzidos estão sofrendo. Toda novidade sobre os ET's causa pânico, não há como impedir.

William franziu a testa e falou:

– As profecias são sinistras...

Dr. Sérgio respondeu de modo vago, demonstrando que não levava a história de profecias muito a sério.

– Já ouvi um boato sobre esse assunto...

– Não são boatos. – falei – As previsões selecionadas por Márcia Valverde são desanimadoras. É de conhecimento de todos que a humanidade passará por uma provação, e parece que esse momento chegou.

– Não sei, Dra. Clara, mas quanto às publicações, já enviei meus últimos estudos para a revista científica virtual, que estará em rede pela manhã. Se vocês quiserem, eu mando agora uma cópia para o computador de vocês, para que possam dar uma olhada na matéria antes de todos.

Agradecemos e, ao sairmos do consultório, fomos cercados pelos repórteres curiosos:

– Alguma novidade, Dra. Clara? – perguntou um deles.

– Alguma declaração, Dr. William? – quis saber o outro.

– Já existem projetos de estudos sobre os ET's em andamento?

– Alguma decisão da FEO?

Choviam perguntas... William parou para dar uma declaração:

– Temos um projeto secreto em andamento, estamos otimistas quanto ao aparecimento de soluções. A situação parece fugir do controle, mas temos "cartas na manga". Por favor, confiem em nós!

No caminho de volta para a universidade, repreendi William por sua conversa com os jornalistas:

– "Cartas na manga!" De onde tirou isso, William? E se esse tal antídoto Z6 não der certo? Frustraremos bilhões de pessoas, e voltaremos à estaca zero.

William resmungou um pouco e falou, mudando de assunto:

– Vamos para a minha sala escutar a matéria desse tal de Dr. Sérgio. Não gostei dele, sabia? Pareceu-me um homem presunçoso...

Após ouvir o resultado da pesquisa científica, falei, com desânimo:

– Parece não ter novidades...

– Veja isso – disse William –, todos os abduzidos estão sentindo a mesma coisa após a décima abdução. Essa notícia vai realmente causar problemas. Mais de trinta pessoas já atingiram esse número de viagens à nave...

– Veremos isso amanhã. Olhe, um médico de São Paulo acredita que este efeito é proposital, visto que, se enxergássemos os sentimentos nas auras dos abduzidos, poderíamos descobrir, por meio da hipnose o que fazem com eles durante a abdução.

– São apenas suposições... Nós, abduzidos, não conseguimos enxergar as auras dos ET's no curto período em que ficamos acordados na nave, e isso é impossível. Todo ser vivo possui uma aura de energia. Eles devem ter algum jeito de nos impedir a visualização, para que também não saibamos de suas intenções. Quando chego à nave, perco toda a minha autonomia, o contato com os alienígenas é rápido, não temos tempo e nem forças para reagir. Eles nos conduzem até uma mesa, e o mais estranho é que nos tratam muito bem. Lembro-me de uma ET fêmea acariciando meus cabelos e me dizendo alguma coisa com voz doce e delicada. Aí, nos aplicam a tal injeção que nos faz apagar. Não sei se não consigo visualizar a aura dos ET's por causa do estado de torpor em que me encontro ou se realmente eles possuem alguma proteção...

Continuamos ouvindo a matéria. Dr. Sérgio Moretti tinha razão ao afirmar que as informações deveriam ser divulgadas à humanidade, mesmo correndo o risco de uma revolta popular.

Pensei nas palavras da presidente: "A guerra acontecerá caso os extraterre*stres nos façam mal.*". Pois o mal já estava sendo feito, e os abduzidos estavam sofrendo. Senti ódio dos ET's. O ódio era um sentimento que ficara perdido no tempo, raro na atualidade. E agora eu sabia o que era sentir ódio.

Não conseguia enxergar os alienígenas como seres evoluídos espiritualmente. Eles podiam dominar as mais modernas técnicas para a construção de naves espaciais, abduções, proteção de auras ou qualquer outra coisa, mas ainda não tinham aprendido o verdadeiro caminho de Deus. "*A maior vítima de uma maldade é aquele que a faz.*" Tão óbvio para nós, terráqueos. Todo esse sofrimento não condiz com as Leis Divinas. E o que será que estão pensando os desencarnados? Nada se sabe em nenhum plano ou dimensão do planeta Terra. Não existem almas capazes de explicar o mistério dos extraterrestres.

Sabemos que a morte não existe, que a vida é eterna. Vivemos reencarnações sucessivas a caminho da Imagem de Deus. Durante o percurso de reencarnações, traçado por nós mesmos para a evolução do espírito, temos nossos sentimentos e experiências gravadas na aura, menos as viagens à nave espacial. Técnicas de hipnose com regressão foram tentadas, sem sucesso. Nenhum abduzido era capaz de lembrar nada. Os ET's eram seres ruins, pois estavam causando angústia e dor. Nós, seres humanos, já não sabíamos mais lidar com a maldade que há muito se extinguira. Senti medo e segurei a mão de William, que correspondeu, com ternura.

— Acho melhor deixarmos a reunião da FEO para outro dia. Devemos ir para casa descansar, amanhã teremos de enfrentar, logo cedo, o impacto dessa notícia. Hoje, começarei a tomar o antídoto Z6 e preciso pensar no que farei caso seja abduzido.

— "PelamordeDeus", William, caso isso aconteça, você não fará nada. Apenas fingirá dormir e observará tudo, ou melhor, não se arrisque nem a abrir os olhos. Se notarem que está acordado, poderão matá-lo.

— Você tem razão, mas por via das dúvidas, dormirei com uma microcâmara digital no bolso de meu pijama.

Despedi-me de William e fui direto para a casa de minha mãe para conversar com meu irmão. Queria contar-lhe os efeitos da abdução antes da divulgação da revista médica virtual, na manhã seguinte.

Encontrei Fernando na sala, estudando. Ele me cumprimentou sem tirar os olhos das imagens projetadas pelo computador:

— Oi, Clara! Veio ver mamãe?

— Por quê? Aconteceu alguma coisa com ela?

— Está chorando no quarto. Parece que se comunicou com papai, e ele falou coisas sobre os abduzidos. Eu não quis nem saber, não gosto que ela fique se comunicando com ele. Devemos deixar os mortos em paz, e além do mais, preciso trabalhar, tenho muito serviço a fazer.

— Vocês discutiram de novo?

— Não. Apenas falei que não quero ouvir as histórias de papai.

— Vou lá conversar com ela, mas por favor, me espere, preciso falar com você também.

Entrei no quarto de minha mãe e encontrei-a na cama, com os olhos vermelhos e inchados de tanto chorar. Sentei-me ao seu lado e a abracei, recostando sua cabeça em meu ombro.

— O que houve, querida? Qual o motivo de tanta tristeza? Vejo uma nuvem embaçando seu *chakra* do coração...

– Oh! Minha filha, que bom que está aqui. Consegui me comunicar com o espírito de seu pai, e foi muito cansativo. Ele está preocupado com seu irmão. Ninguém sabe o que vai acontecer, mas sabemos que vamos passar por provações e por momentos difíceis. Seu pai pediu-me calma, mas acabou me deixando ainda mais nervosa...

– Mamãe, você sabe que concordo com o Nando e acho que não devia ficar chamando papai. Esqueça isso, vim conversar com vocês sobre as abduções.

– Ai, meu Deus! Mais uma notícia ruim. Eles vão morrer, Clara? Seu irmão vai morrer?

– Calma, mãe, não é isso, nenhum abduzido morreu. Vamos para a sala, lá conversaremos melhor.

Fernando continuava na mesma posição, e foi necessário tocá-lo para que se virasse e percebesse nossa presença.

– Não tenho tempo agora. – falou ele – Preciso trabalhar.

– Que mau humor é esse? Nem parece aquele Nando que estava ontem em meu consultório, disposto a lutar contra os ET's. Onde está aquele homem guerreiro?

– Veio me falar da revista científica virtual, Clara?

– Como sabe?

– Encontrei Dr. Carptner na universidade. Ele pediu para avisá-la sobre o artigo que sairá em rede, na revista médica virtual de amanhã. Fiquei curioso, e ele acabou me contando tudo.

Mamãe interrompeu-nos, ansiosa:

– De que estão falando?

– Os abduzidos com mais de dez viagens estão sofrendo – respondeu Fernando.

– Eles estão morrendo?

– *Morrendo* não, mamãe – falei com paciência – *sofrendo*, é a palavra correta. Eles estão sentindo frio, irritação, apatia, e suas auras estão ficando estáticas, sem sentimentos.

– O que está escondendo, Clara? Suas vibrações energéticas demonstram que não está falando toda a verdade – afirmou Fernando.

– Você e mamãe me conhecem muito bem. Estamos perto de descobrir a verdade, mas não posso falar mais sobre isso. É um segredo. Vocês precisam confiar em mim e ficarão sabendo na hora certa.

Despedi-me e segui para casa. Fiquei feliz ao encontrar Marcos, Perlo e Estrelinha me esperando.

– Que bom que chegou cedo, querida! Acabei de clicar o jantar!

– Estou vindo da casa da mamãe.

Aproximei-me de Marcos com dificuldade, pois Estrelinha rodava no meio de minhas pernas e Perlo pulava ao meu redor, tentando acertar algumas lambidas.

Acariciei-os enquanto falava:

– Estive com William mais cedo, vou contar a você sobre a pílula Z6.

– Pílula Z6? O que é isso? Uma espécie de fortificante?

– O assunto é estritamente confidencial. Somente os membros da comissão da FEO e seus companheiros podem saber do que se trata.

– Continue, já estou muito curioso.

– As pesquisas sobre a substância, que neutraliza a anestesia aplicada nos abduzidos quando eles chegam à nave, foram concluídas. O antídoto, denominado Z6, já está pronto para ser ingerido. William começará a tomá-lo ainda hoje.

– Isso é sensacional! Então, assim que William for abduzido, ficará acordado e descobriremos tudo!

– Calma, Marcos. Não vamos comemorar antes da hora. Temos de esperar para saber se dará certo.

– Vai dar certo, Clara, é só acreditar e ter fé.

No dia seguinte, fui acordada por Lena Lion, que chamava insistentemente pelo computador:

– Venha imediatamente para a sede da FEO! – gritava ela – É uma emergência! Está a maior confusão aqui. Tem milhares de pessoas lá fora querendo falar conosco. As estações de aerobus estão lotadas, e o céu está congestionado com tantos carros flutuando!

– "*A revista médica virtual.*" – pensei – "*Não sabia que iria para a rede tão cedo.*".

– Não sei mais o que fazer – continuou Lena Lion –, venha o mais rápido possível. – e desligou.

Estiquei-me preguiçosamente na cama, esquivando-me das lambidas de Perlo. Como imaginei, a reportagem poderia causar um caos mundial. Levantei-me e, em menos de quinze minutos, estava pronta para sair. Sobrevoei a multidão que se encontrava na orla marítima. Alguns grupos gritavam – "Guerra!" – Outros estavam ajoelhados, rezando. Despistei a multidão e entrei pelos fundos. Mais uma vez, fui a última a chegar. Dirigi-me a William:

– Deveríamos falar da Z6 agora?

– Melhor não... – respondeu William, com sensatez – este é um assunto que tem de ser discutido com calma, nunca no meio dessa confusão.

– Jonas – disse Thiago –, vá falar com o povo, você é locutor, tem mais experiência com o público.

– Tudo bem – respondeu Jonas –, mas falar o quê?

– Deixa que eu vou. – interrompeu Carptner – Afinal, sou um dos abduzidos mais frequentes do planeta. Minha segurança e meu otimismo ajudarão o povo a ter fé.

– Elisa, vá com ele – sugeriu Lena.

Todos concordaram, e o casal Carptner seguiu para a câmara de projeção. A imagem tridimensional dos dois apareceu no céu, e a multidão se aquietou.

Carptner deu início ao seu discurso:

– Bom dia a todos! Nós, da comissão, estamos tão apreensivos quanto vocês com as novidades divulgadas pela manhã. Como sabem, minha esposa e eu estamos entre os abduzidos mais frequentes do planeta. Portanto, vivemos todas essas sensações descritas pelos médicos... Realmente, estamos sofrendo, sentimos frio e dificuldade para expressar nossos sentimentos. Nossas auras parecem estar ficando estáticas, sem fluxo de energia. Mas continuamos a ter fé em Deus e a acreditar que vamos vencer os ET's.

Elisa Carptner assumiu a palavra:

– Nós, mulheres, conseguimos instaurar a paz na Terra! Provamos para a humanidade que o amor ao próximo é o tributo mais importante de um ser. Somos mães e protetoras de todos, somos a face feminina de Deus! Se conseguimos convencer nossos homens de que o amor é a maior virtude de um povo, por que não poderemos convencer os extraterrestres?

As pessoas já estavam um pouco mais calmas quando a presidente chegou e pediu para ser projetada. Sua imagem surgiu no céu, e Elisa Carptner calou-se, em sinal de respeito.

– Prezados habitantes do planeta Terra – falou a presidente –, a situação está se agravando. Nossos irmãos abduzidos estão sofrendo, e como eu disse ontem, se os seres alienígenas causassem mal a qualquer ser vivo da Terra, pensaríamos em guerra.

A multidão se agitou, e ela continuou:

– Srta. Márcia Valverde e Sra. Lena Lion, membros da comissão da FEO, apresentaram-me um relatório de sua primeira reunião. Os cientistas estudaram algumas profecias, e muitas citam uma energia que irá salvar o planeta. Fala-se em guerra, mas não com armas mecânicas. A energia é citada como a grande arma dessa guerra. Precisamos descobrir que energia é essa!

– Amor! – gritou a plateia.

– Muito bem! – concordou a presidente – De alguma forma, nosso amor vai salvar o planeta, portanto precisamos formar uma corrente. Quero que todos voltem para suas casas e meditem. Encham seus corações de amor e rezem. Nossos irmãos de outras dimensões estão fazendo o mesmo. Quero a cooperação e a força de todos. De nada adianta ficarmos nervosos agora. Voltem para os seus lares!

Aos poucos, a multidão foi se dissipando.

– Que força de convicção tem a presidente! – falei, impressionada – Vocês viram a quantidade de pontos energéticos coloridos, emitidos pela população, enquanto ela falava?

– Concordo com a presidente. – disse Márcia – Essa energia que irá salvar o mundo é o amor e será produzida por nós mesmos.

– Mas que tipo de amor é esse? – perguntou Thiago – Como canalizá-lo?

– Amor, sempre amor, a maior fonte geradora de energia que purifica todos. – afirmou Lena Lion.

Jonas exclamou, exaltado:

– Amar, todos nós amamos! Amamos nossa família, nossos amigos, a natureza e os animais, e daí? Não consigo enxergar como isso irá salvar o planeta da invasão dos alienígenas.

Elisa Carptner foi rude ao responder:

– Desvendar esse mistério é o objetivo da comissão, Sr. Jonas.

William sempre interferia quando notava nuvens escuras de desentendimento no ambiente:

– Marcaremos uma reunião da comissão para amanhã, quando discutiremos esse assunto. Agora podemos sair e cuidar de nossos compromissos.

Aproximei-me de William e cochichei discretamente aos seus ouvidos:

– Não vamos falar da Z6 agora?

– Calma, Clara, deixaremos para amanhã.

– Por quê?

William olhou para a presidente, e entendi tudo: ela não deveria estar presente, esse assunto cabia apenas aos membros da comissão, pelo menos por enquanto.

Saí em direção ao hospital e, lá, atendi dois pacientes que choraram muito. No final daquela manhã, eu também estava triste. Resolvi passar o resto do dia estudando as fotos Kirlian dos Carptners.

À noite, fui à casa de William para saber como ele estava se sentindo, tomando a Z6. Não podíamos conversar por computadores, todo o cuidado era pouco. Ao chegar, fui primeiro cumprimentar Bóris, um cão *golden retrivier* que estava placidamente deitado na soleira da porta. Bóris deu duas lambidas em minha mão e virou-se de barriga para cima.

– Você precisa ensinar boas maneiras para meu cachorrinho Perlo, Bóris. – falei, enquanto coçava sua barriga.

William, ao me ver chegar, caminhou ao meu encontro. Ele vestia pijamas e um chinelo felpudo.

– Não acha que está muito cedo para dormir? – exclamei, segurando o riso ao olhar para aquelas pantufas.

– Preciso deitar-me mais cedo. – respondeu ele – Estou ansioso para dormir. Acabei de tomar a pílula Z6, portanto, daqui a uma hora já posso adormecer. Nunca pensei que um dia desejaria tanto ser abduzido. Coloquei uma microcâmara digital no bolso do meu pijama.

– William! Não deixe que sua ansiedade estrague os nossos planos. Você tem de ficar imóvel. Não pode se mexer para filmar nada. Eles sim, provavelmente possuam câmaras na nave e notarão qualquer movimento seu.

– Tem razão, vou levá-la apenas por garantia.

– E como está se sentindo? Nenhum efeito colateral?

– Estou ótimo! Tomei o antídoto Z6 ontem, e hoje, meus exames estavam normais.

– Fico mais tranquila.

– Clara, não quero ser mal-educado, mas ainda tenho de tomar algumas providências antes de dormir.

– Tudo bem, já entendi.

Dando um beijo na testa de William, despedi-me, pedindo, mais uma vez, que tomasse cuidado durante a abdução.

A Abdução de William

William deitou-se, e Bóris apoiou o focinho em sua perna. Bóris sabia que seu dono estava nervoso, e abanava o rabo demonstrando solidariedade. William não conseguia parar de pensar na abdução. Era a esperança dos cientistas e da humanidade. Por certo, ficaria famoso como o primeiro homem a ficar acordado na nave espacial. Seria condecorado por sua coragem, pensou, com orgulho.

Lembrou-se de Flávia, sua esposa, que desencarnara há dois anos. Tudo o que desejava naquele momento era ouvir a voz doce e suave de Flávia. Virava-se de um lado para o outro, procurando posição para dormir. Resolveu pensar em sua estratégia: se o antídoto Z6 funcionasse, teria de se manter imóvel. Clara tinha razão! Não deveria arriscar e estragar tudo. Se os ET's percebessem que ele estava acordado, poderiam até matá-lo. Tentou relaxar, e não demorou muito para que adormecesse.

Já era de madrugada quando a abdução começou a acontecer. Uma luz forte invadiu o quarto de William. Ele não conseguia abrir os olhos nem se mexer Mãos geladas tocaram sua cintura, colocando-lhe um cinto. Uma sensação de leveza tomou conta de seu corpo, e ele começou a flutuar. Sentiu a brisa fria da noite soprando em seu rosto. A luz enfraqueceu; já conseguia abrir os olhos e enxergava o céu e as estrelas. Uma força misteriosa levava-o em direção à grande nave. A porta do disco voador estava aberta, à sua espera...

Dentro da nave espacial, vários alienígenas vieram ao seu encontro. Sentia-se tonto e fraco. Uma ET fêmea se aproximou e acomodou-o em uma mesa. Olhou à sua volta; extraterrestres de aparência humanoide andavam apressados. Eram altos, tinham olhos grandes e não possuíam cabelos. Eram magros, porém musculosos e todos absolutamente iguais. Mais uma vez, não conseguiu visualizar suas auras.

– *"Eles conhecem uma forma de esconder seus sentimentos."* – pensou William.

Um ET se aproximou segurando uma seringa. O coração de William disparou. Havia chegado a hora. A injeção era aplicada, enquanto outro ET, com expressão suave, dizia palavras que pareciam tranquilizadoras. William sentiu sono e pensou:

– *"Ai meu Deus, a Z6 não vai funcionar..."* – e logo em seguida, adormeceu.

Acordou em outro compartimento da nave. Estava deitado nu, em uma cama que mais parecia uma máquina cheia de braços e tubos; olhou em volta e viu outras "camas" com outros terráqueos nus, deitados, dormindo. Sentiu euforia, estava acordado, enquanto os outros dormiam! A pílula Z6 havia funcionado! Enxergou também mesas contendo as mais variadas espécies de animais da Terra, todos dormindo.

– *"Desgraçados, estão abduzindo nossos animais também!"* – sentiu uma grande revolta. – *"Como os malditos ET's tinham coragem de investir contra seres tão indefesos?"*

Olhou para o outro lado e notou que havia cilindros empilhados que pareciam extintores de incêndio. Mais adiante, viu plantas terrestres.

– *"Nossa, quantas novidades!"*

Alguns alienígenas entraram na sala, e William fechou os olhos. Sentiu que se aproximavam dele e que mexiam em sua cama. Um ET encostou os braços da cama em seu corpo, direcionando-os para seus principais *chakras*. Os tubos vibraram, William sentiu um formigamento tomar conta dele. Uma dor abdominal intensa fê-lo curvar-se para a frente. Quatro ET's se posicionaram à sua volta, falando todos ao mesmo tempo. O coração de William batia disparado de medo. Os tubos com braços foram retirados e recolocados novamente. Vibraram mais uma vez. A dor voltou, mas dessa vez, ele conseguiu se controlar; aos poucos, a dor foi passando, e William relaxou. O corpo ainda formigava, e ele sentia-se fraco e sonolento.

De repente, toda a sua vida passou-lhe pela mente. Lembrou-se de sua infância no interior de São Paulo, de sua mãe chamando-o para ir à escola, de sua adolescência na universidade onde conhecera Flávia. Seus olhos ficaram úmidos, e William começou a chorar. Sentia muitas saudades... Enxergou-a, linda, andando pelos corredores da faculdade. O primeiro beijo... O dia em que a pedira em casamento... Agradeceu a Deus ter sido tão feliz naquela época. Fatos de sua vida, esquecidos ou não no tempo, passavam por sua mente em grande velocidade.

– *"Parece que estou morrendo."* – pensou, com tristeza.

Cenas de vidas passadas também vieram à tona. A vida atual confundia-se com outras encarnações. Imagens apareciam e desapareciam em centésimos de segundos.

Foi então que se fez silêncio. As lembranças desapareceram. William tentou mover-se, mas não conseguiu. Abriu os olhos e notou que os tubos emitiam luzes fortes e coloridas. Sentia-se mais fraco do que nunca e tremia de frio. Estava todo dolorido, principalmente nos pontos dos *chakras*. Uma sensação de desespero o invadiu, queria ir embora dali, queria ir para perto de Flávia, queria morrer. A raiva, o medo e a ansiedade cresciam dentro dele. O frio estava piorando, e seu queixo começou a tremer incontrolavelmente. A sala começou a rodar, e William desmaiou.

Acordou sem saber quanto tempo depois. Ainda estava na nave, porém em outro compartimento. Estava escuro, mas percebeu que, junto dele, outros humanos e animais dormiam, empilhados de qualquer jeito. Não viu nenhum ET. Tentou se mexer, mas suas pernas pareciam pesar toneladas. A dor na altura dos *chakras* persistia, sua cabeça latejava. Fechou os olhos, procurando descansar um pouco para ganhar forças. Foi quando as luzes se acenderam e escutou vozes de extraterrestres se aproximando. Manteve os olhos semicerrados. Os ET's vestiam os pijamas nos corpos nus dos terráqueos e falavam freneticamente. Surpreendeu-se ao escutar vozes em português. Abriu um pouco mais os olhos e observou um casal de alienígenas que falava nossa língua:

– Pois bem, Max – falou a ET fêmea –, já temos mais um bom estoque de energia humana. Por que você está com o decodificador de línguas ligado? Por que estamos falando em português?

– Estou apenas testando o aparelho, Astrid – respondeu o ET macho –, amanhã descerei à Terra. O chefe mandou que eu selecionasse mais humanos para as abduções.

Os ET's se afastaram, e William estava perplexo.

– "Eles querem nossa energia." – pensou – "*Entendem nossa linguagem e sabem tudo sobre nós. Fazem visitas à crosta, roubam nossas plantas e nossos animais. Quantas descobertas! Mal posso esperar para voltar e contar para o restante da comissão.*".

Vieram vestir-lhe o pijama. As mãos dos ET's eram frias, teve de se controlar para continuar imóvel, fingindo dormir. Os alienígenas foram embora, e a sala voltou a ficar escura. Seus olhos estavam pesados, o silêncio e a escuridão fizeram-no adormecer.

William acordou de sobressalto em sua cama. Certificou-se de estar mesmo em seu quarto e teve certeza disso quando Bóris pulou em sua barriga e lambeu seu rosto. Levantou-se apressado e ficou tonto, olhou para o relógio, eram seis horas da manhã. Deitou-se de novo e repassou em sua mente a aventura da noite anterior. Queria fixar todos os detalhes. Pegou o computador e ditou todas as informações que conseguiu lembrar. Depois levantou e foi tomar um banho. Deixou que a água quente caísse sobre seus ombros por alguns minutos.

Às oito horas, saiu de casa e foi direto para o hospital público, à procura de Clara.

Naquela manhã, a sala de espera de meu consultório estava cheia de repórteres, que perceberam a presença de William e foram ao seu encontro.

– Dr. William, quais são os projetos da FEO para combater os extraterrestres?

– Nada a declarar. Não foi concretizado nenhum projeto, por favor, me deem licença, estou com pressa.

Ao ver William entrar no meu consultório, recebi-o com surpresa:

– William! Como está? Não esperava vê-lo assim tão cedo. Conseguiu passar pelos repórteres sem tirar uma "carta da manga?" – perguntei, sorrindo.

– Precisava falar-lhe com urgência.

– Estou com um paciente dentro da máquina Kirlian. É o único de hoje, estarei liberada em cinco minutos.

– Você tem mais um paciente hoje... –disse William.

– Como assim? Não tem mais ninguém marcado. Será algum abduzido novato que chegou sem marcar?

– Novato não, sem marcar sim, sou eu mesmo.

Arregalei os olhos de espanto e, por alguns instantes, fiquei sem voz.

ABDUÇÃO – O MISTÉRIO DOS EXTRATERRESTRES | 53

– Vo-você fo-foi abduzido essa no-noite?

– Sim, Clara, e fiquei acordado a maior parte do tempo. O antídoto Z6 funciona!

– William! Precisa me contar essa história. Vou dispensar meu paciente!

Um homem saiu da máquina Kirlian, e conversei rapidamente com ele, encaminhando-o para a porta.

– Obrigada por ter vindo, Felipe, espero que não volte a ser abduzido tão cedo.

– Dra. Clara...

– Depois conversamos, Felipe, me perdoe, mas agora você precisa ir embora.

William me repreendeu:

– Coitado do rapaz, Clara! Ele não entendeu nada e ficou olhando com cara de bobo, enquanto você praticamente o empurrava porta afora.

– Ah! William, depois peço desculpas, fale logo o que aconteceu – implorei, ansiosa.

William relatou tudo sobre sua abdução. Eu escutava quieta, tentando raciocinar em cima de tantas informações novas. Esperei que ele terminasse e exclamei:

– Não pode ser! Não sei o que pensar! Vamos comunicar isso com urgência aos outros membros da comissão!

– Calma, Clara, até parece que o mundo vai acabar. Temos reunião marcada para as duas horas da tarde, vamos esperar até lá.

– E você ainda tem alguma dúvida sobre se o mundo vai acabar? William, isso é o fim do mundo!

Minha aura estava vermelha de raiva, e eu andava de um lado para o outro.

– Eles querem nossa energia e a de nosso planeta! Você falou que animais e plantas terrestres também estão sendo abduzidos. O interesse deles não é só em nós, seres humanos, eles querem roubar a energia de todo o planeta! Isso pode ser, sim, o fim do mundo!!!

William, por alguns instantes, perdeu a paciência:

– Pare de falar, Clara! Você está muito nervosa, acho melhor tomar um calmante.

– E os Carptners? – perguntei, ignorando os comentários de William – Você não acha que eles deveriam tomar o antídoto Z6 imediatamente? Mais abduzidos devem tomar a Z6, para que possamos descobrir tudo sobre os ET's.

– Porém, apenas pessoas de nossa máxima confiança...

– Então, deveríamos chamar mais abduzidos para a comissão.

– Devemos discutir isso na reunião, mas eu concordo.

– E esse tal de decodificador? – perguntei – Você viu o aparelho?

– Não.

– Precisamos conseguir um.

– Clara, você está mesmo fora de seu juízo normal! Acabei de dizer que não consegui me mexer na nave, minhas pernas e meus braços pareciam pesar toneladas, e além do mais, eu estava nu. Como roubar um decodificador nessa situação?

Os computadores de pulso de Clara e William deram sinal ao mesmo tempo; era uma mensagem de Carptner, pedindo que a reunião fosse adiantada em uma hora, pois ele teria um compromisso à tarde.

– Então, Clara? Vamos esperar até lá para contarmos as novidades?

– Está certo, entre na máquina de Stanley, vamos fazer os exames de rotina para abduzidos.

5

Daniela e Fernando

William e eu passamos a manhã conversando. Um pouco antes do meio-dia, saímos do hospital em direção à praça de alimentação. Chegando lá, encontramos Lena Lion e Jonas, almoçando juntos.

– Sentem-se conosco – convidou Lena, enquanto Jonas levantava-se e pegava mais duas cadeiras.

Jonas falou em tom de brincadeira:

– Parece que a reunião vai começar mais cedo!

– Temos muitas novidades! – exclamei, animada.

William repreendeu-me imediatamente:

– Não é a hora, Clara.

– Eu sei, estava só fazendo suspense.

Lena Lion sorriu e considerou:

– Estão me matando de curiosidade.

– Aqui não é o local adequado para discutirmos um assunto tão sério. Clara não deveria ter-se adiantado – falou William, demonstrando seriedade.

– Está bem, concordo, eu realmente não devia ter tocado neste assunto, mas posso dizer que já temos um ponto de partida.

— Confesso — falou Jonas — que isso me deixa mais aliviado. Falava justamente sobre isso com a Lena, quando vocês chegaram; essa história de ficarmos estudando profecias pode ser perda de tempo. Nem todas as previsões dos grandes sábios da humanidade se concretizaram. Necessitamos de dados mais precisos.

Lena Lion respondeu, com ar de preocupação:

— Mas o que fazer, se esses tais "dados precisos" não existem? A realidade não é o que gostaríamos que fosse. Não possuímos esses dados. Então, vamos trabalhar com o que temos, que são as profecias.

— Esperem, não discutam mais, acreditem em nós, temos novidades impressionantes! – exclamei.

William confirmou, falando em voz baixa, quase como um sussurro:

— São fatos assustadores...

Jonas se irritou.

— Parece que estão se divertindo, fazendo tanto mistério! Espero que essas informações sejam realmente o ponto de partida.

— Pode acreditar, Jonas. – afirmou William.

— Pode acreditar. – repeti.

Os quatro membros da comissão da FEO saíram juntos da praça de alimentação e seguiram para o escritório central. Encontraram Márcia e Thiago na porta em uma conversa bastante animada.

— Oi, gente! – Márcia sorriu e cumprimentou-nos eufórica, enquanto entrávamos na sala de reunião – Thiago estava me convidando para irmos à Lua no próximo final de semana. Vocês sabiam que ele participou do projeto dos ônibus espaciais, que fazem turismo na Lua?

Nesse momento, o casal Carptner entrou, e todos fizeram silêncio. Apesar do calor, estavam de casaco e pareciam tristes e

ABDUÇÃO – O MISTÉRIO DOS EXTRATERRESTRES | 57

cansados. Resmungaram qualquer coisa e foram se sentar. William foi até eles e perguntou, solícito:

– Tudo bem, João Carlos? Você e sua esposa estão abatidos...

Carptner respondeu com uma voz rouca e abafada:

– Fomos abduzidos na noite passada, estamos péssimos.

William continuou:

– É sobre as abduções mesmo que quero falar. Tenho novidades importantes. Já comentei com vocês que estava sendo desenvolvido um medicamento que neutraliza o efeito da anestesia aplicada nos abduzidos pelos ETs. Os cientistas acreditaram que os resquícios de uma substância isolada no sangue dos abduzidos poderiam ser resquícios dessa anestesia, e a partir daí, foi desenvolvido um antagonista nomeado de Z6. Supôs-se que, sob efeito das pílulas Z6, o abduzido ficaria resistente à anestesia e não dormiria na nave. Felizmente, os cientistas estavam certos! O antídoto Z6 funciona!

Lena Lion parecia não ter se convencido:

– E quem garante que essa pílula realmente funciona?

Jonas também estava desconfiado:

– Quem vai ser o louco que irá experimentar essa nova droga?

– Está falando com ele. – respondeu William.

Apesar da voz fraca, Carptner interrompeu, indignado:

– Não sei por que Jonas fala em louco. Da forma que venho me sentindo após as abduções, eu faria qualquer coisa para tentar salvar nossas vidas. Sinto que estou morrendo, e loucura é não tentar nada. Também quero tomar essa pílula.

Elisa Carptner levantou-se e dirigiu-se à máquina de lanches, servindo-se de um chocolate quente, enquanto falava:

– Meu marido tem razão, assumo que estou péssima. Os dias após as abduções estão cada vez mais difíceis. E o mais estranho, como vocês podem perceber, é que nossas auras estão normais, não demonstrando o que estamos sentindo. O corpo etéreo[4] está normal, e o corpo físico está morrendo. Como isso pode acontecer?

Achei que já era hora de abrir o jogo:

– Gente, parece que vocês não entenderam ainda o que William quer dizer: o antídoto Z6 funciona! Vamos, William, conte logo!

William começou a relatar pausadamente sua aventura da noite anterior. Enquanto falava, todos tinham os olhos pregados nele, e ninguém ousava interrompê-lo. Após a narrativa, a expressão geral era de espanto. Por alguns instantes, um silêncio tomou conta do ambiente. De repente, todos começaram a falar ao mesmo tempo:

– Estou com medo! – disse Márcia.

Lena estava perplexa:

– Mas por que querem nossa energia?

Thiago abaixou a cabeça e falou, desanimado:

– Eles são muito poderosos...

– Agora, tudo parece lógico! declarou Elisa É exatamente como me sinto: sem energia. As auras dos abduzidos parecem estáticas porque devem ser falsas. Mas como explicar uma aura falsa?

– Muitos fatos fogem de nosso conhecimento. – ponderei – As próprias abduções são, para nós, inexplicáveis.

Márcia interrompeu, ansiosa:

– As profecias estavam certas! A guerra é energética e já começou...

---

4. Nós seres humanos, somos seres energéticos com diversas camadas em nossa composição e formação corpórea. O Corpo físico é o mais denso. A partir dele temos mais seis corpos que em ordem progressiva se apresentam de forma mais sutil e elevada.

Todos os sete corpos se interpenetram e formam a aura. São eles: Físico, emocional, mental, astral,etéreo, celestial e ketérico.

ABDUÇÃO – O MISTÉRIO DOS EXTRATERRESTRES | 59

– Tem razão, Márcia – respondi –, e se as profecias estão mesmo certas, existe uma "energia salvadora" que precisamos descobrir qual é. Temos também de entender melhor os ET's; seria muito bom se conseguíssemos botar as mãos em um decodificador para entender a linguagem deles. Acho também que poderíamos ter mais abduzidos na comissão, para que pudessem tomar a pílula Z6 e tentar descobrir mais coisas.

William esclareceu mais uma vez:

– Não se esqueçam de que eu não consegui me mexer na nave.

– Pode ser que outras pessoas tenham reações diferentes à medicação... – Lena falou, otimista.

Elisa sugeriu, esperançosa:

– Quem sabe se aumentássemos a dose do antídoto Z6? Fale com o farmacêutico responsável, William. Às vezes, é só uma questão de ajustar a dose para conseguir o efeito desejado.

– Eles devem ter câmaras na nave. Se nos movimentarmos, provavelmente seremos capturados. lembrou Márcia, desanimada.

– Precisamos correr riscos! – exclamou Jonas.

Percebendo a dificuldade de discutirmos a situação naquele momento, levando em consideração que estávamos todos pasmos e assustados, resolvi mudar de assunto:

– O que vocês acham de chamarmos mais dois abduzidos para fazerem parte da comissão? Um homem e uma mulher.

– A princípio, acho ser o suficiente. – ponderou William.

– Gostaria de sugerir meu irmão Fernando, ele é de total confiança.

Thiago era amigo de Fernando e concordou na mesma hora:

– Claro! O Nando é muito gente boa!

– Ele já foi meu aluno. – afirmou Carptner – Lembro-me bem, era muito dedicado às aulas.

William parecia satisfeito:

– Se ninguém tem nada contra, Fernando Damasco é nosso novo integrante. E a mulher? Alguém tem alguma sugestão?

– Minha sobrinha Daniela. – lembrou Elisa – Ela mora em Juiz de Fora, mas poderá vir para o Rio e ficar em minha casa.

– Então parece que esse assunto já está resolvido. – concluiu Lena – Clara e Elisa deverão entrar em contato com Fernando e Daniela, passando para eles tudo sobre nossa comissão.

Márcia andou em direção à varanda, desculpando-se:

– Perdoem, preciso sair e tomar um pouco de ar, não estou me sentindo bem. Todas essas notícias me pegaram de surpresa.

– Irei com você. – falou Thiago.

Ignorando a saída de seu irmão e de Márcia, Jonas afirmou:

– Sabe-se que o período mínimo entre uma abdução e outra é de sete dias. William e os Carptners não precisam tomar a Z6 essa semana, já que foram abduzidos ontem.

Jonas virou-se para Elisa e continuou:

– Sua sobrinha Daniela, quando e quantas vezes já esteve na nave?

Elisa Carptner respondeu prontamente:

– Duas vezes, a última foi há dez dias. Ela poderia tomar a pílula Z6 desde já.

– E seu irmão, Clara?

– Fernando foi abduzido pela primeira vez no início dessa semana.

William declarou:

– Pois bem, acho que deveriam vir para cá agora. Não podemos ficar perdendo tempo, mandem uma mensagem para eles.

– Daniela mora em Juiz de Fora, levará no mínimo meia hora até Copacabana.

– Aproveitarei esse tempo – prosseguiu William – e irei procurar o farmacêutico responsável pela Z6. O nome dele é Roberto Paiva. Preciso avisá-lo do sucesso do medicamento e também da possibilidade sugerida por Elisa para o ajuste da dose.

ABDUÇÃO – O MISTÉRIO DOS EXTRATERRESTRES | 61

Logo após a saída de William, Márcia e Thiago retornaram à sala.

– Onde está William? – perguntou Márcia, ao entrar – A reunião já acabou? Vocês estão indo embora?

Lena sorriu ao esclarecer as dúvidas de Márcia:

– Minha querida, estamos à espera de Daniela, que vem de Juiz de Fora, e de Fernando, irmão de Clara. William foi procurar o cientista responsável pelo antídoto Z6, daqui a pouco estará de volta.

Márcia demonstrou claramente em sua aura que ficara envergonhada e falou, justificando-se:

– Fiquei muito abalada com toda essa história. Os ET's sugam nossa energia, isso é incrível! Como conseguem? Aquelas máquinas com braços e tubos de que o William falou... Elas vão nos sugar até a morte!

Jonas retrucou:

– Até onde se saiba, nenhum abduzido morreu.

– Sinto que estou morrendo. – contestou Elisa – Essa aura aparentemente normal que apresento não é real.

– Mas isso é impossível! – exclamou Thiago, revoltado.

Lena Lion ponderou, com sensatez:

– Não diga a palavra "impossível", Thiago. Quando tiver minha idade, saberá que, nessa vida, nada é impossível. Os extraterrestres são capazes de fabricar naves superpotentes que atravessam o espaço; dominam a ciência da abdução, fazendo-nos flutuar pelo céu; e ainda estão entre nós sem serem notados. Pensávamos que não saíam da nave, nunca os vimos na crosta e, no entanto, William ouviu um deles dizer que viria à Terra. Eles estão entre nós...

De repente, um barulho forte fez todos se virarem. Carptner havia tentado levantar-se para ir até a máquina de lanches e tinha caído de fraqueza. Elisa correu até ele. Jonas e Thiago ajudaram-no a se levantar novamente e o colocaram sentado em uma poltrona. Elisa começou a chorar. A voz de Carptner estava rouca:

– Calma, meu amor, pare de chorar, foi só um tombo.

Márcia também começou a chorar. Jonas perdeu a paciência e falou, com rispidez:

–Vamos parar com essa choradeira! Somos uma comissão de cientistas, e não um bando de sentimentais descontrolados! Precisamos ser frios e racionais para enfrentarmos a situação.

Márcia falou, entre soluços:

– Para você, é muito fácil ser "frio", não é mesmo, Jonas?

Jonas prosseguiu a conversação em tom reprovador:

– Não podemos ter na comissão indivíduos que saem no meio da reunião sem motivos aparentes e, quando voltam, ainda ficam chorando. Pessoas assim mais atrapalham que ajudam.

Márcia parou de chorar, e sua aura estava ficando vermelha.

– Está insinuando que eu deveria sair da comissão, Sr. Jonas?

– Não ligue, Márcia. – interferiu Thiago – Conheço meu irmão, ele está, no mínimo, com ciúme da gente.

– Ciúme??? – explodiu Jonas – Ora, isso parece brincadeira! Estou justamente querendo dizer que devemos deixar nossos sentimentos de lado. Temos uma grande responsabilidade, que é desvendar o mistério dos extraterrestres. Lamentos e choros só atrapalham e tumultuam a reunião.

– Hei! Vamos nos acalmar! – falou Lena Lion – De nada adianta ficarmos nervosos. Somos uma equipe, e é a união que irá nos fortalecer. Todos nós tivemos um choque ao descobrirmos as verdadeiras intenções dos ET's. É natural que estejamos perplexos e que cada um reaja de uma forma diferente. Virando-se para João Carlos Carptner, Lena prosseguiu:

– E você, João? Está se sentindo melhor?

– Sim, Lena, obrigado, estou apenas um pouco tonto.

Lena Lion continuou, em tom de preocupação:

– Sabemos agora que a causa do mal-estar de vocês é a falta de energia na aura. Por isso, gostaria de sugerir que procurassem o CREA – Centro de Revitalização e Energização de Auras. – Tenho certeza de que se sentirão melhor.

Elisa Carptner concordou e, com dificuldade, levantou-se, caminhando com passos pesados em direção ao marido.

– Venha comigo, João, iremos para o CREA imediatamente.

O casal Carptner saiu, e logo em seguida, chegou Daniela. Era uma mulher linda, com seus vinte e poucos anos. Possuía a pele bem branca e olhos verdes, que transmitiam serenidade e doçura. Seus cabelos castanhos e lisos tocavam-lhe os ombros com suavidade.

– Oi, pessoal! – falou, animada – Meu nome é Daniela Carptner. Recebi um chamado urgente de minha tia Elisa. Onde está ela?

Lena levantou-se para receber Daniela.

– Muito prazer, minha filha, meu nome é Lena e estou muito feliz com a sua presença. Este aqui é o Thiago, e ao seu lado estão Márcia, Jonas e Clara. Somos todos da comissão da FEO.

– Sim, reconheço vocês, suas imagens estão em todos os jornais virtuais. Mas onde estão meus tios?

Foi Thiago quem se prontificou a responder:

– Seus tios foram abduzidos ontem pela 14ª vez e estão se sentindo muito fracos. Lena aconselhou-os a irem para o CREA para a revitalização de suas auras; eles saíram um pouco antes de você chegar.

Daniela parecia preocupada.

– Mas eles estão bem? Onde fica o CREA? Irei agora mesmo encontrar-me com eles.

Segurei Daniela com delicadeza pelo braço, induzindo-a a se sentar.

– Fique tranquila. – falei – Antes, precisamos conversar, nós podemos esclarecer o motivo do chamado de sua tia.

— Então falem logo, estão me deixando assustada.

Jonas não deixou que eu respondesse e foi direto ao assunto:

— Queremos que faça parte de nossa comissão...

— Eu??? — Daniela parecia não acreditar no que acabara de escutar — Mas por que eu? Não entendo nada de ET's. Vocês são todos cientistas com currículos invejáveis, e eu mal concluí meu mestrado em comportamento animal. Além do mais, sou veterinária. Existem animais sendo abduzidos?

Jonas havia recuperado o humor e sorriu ao dizer:

— Segundo nosso amigo William, a nave espacial está cheia de cães, gatos, passarinhos e até cavalos.

Márcia, percebendo o desconforto da moça, repreendeu Jonas:

— Não brinque assim com ela. — e, virando-se para Daniela, prosseguiu — Precisamos de uma pessoa de confiança, e sua tia nos garantiu que você saberia guardar segredos.

— Se é para guardar um segredo, é fácil. — respondeu Daniela, aliviada.

Naquele momento, Nando entrou na sala justificando seu atraso:

— Boa tarde. Não pude vir antes porque estava no meio do mato estudando um parasita de plantas, escorreguei e caí em um buraco de quase dois metros. Não me machuquei, mas precisei tomar um banho, minha roupa estava rasgada e suja de barro.

Apresentei meu irmão aos presentes e pedi que todos se sentassem à mesa, para que pudéssemos explicar a Nando e Daniela tudo o que estava acontecendo. Já quase no final da narrativa, William entrou na sala, acompanhado do cientista Roberto, o criador do antídoto Z6. Eles pareciam bastante animados; suas auras estavam azuis e emitiam pontos luminosos.

William olhou ao redor e indagou:

— Onde estão os Carptners? E quem é essa moça bonita?

– Meu nome é Daniela Carptner e já estou a par de tudo sobre os ET's. Gostaria de dizer que me sinto honrada em poder ajudá-los e estou à disposição de vocês.

Nando aproximou-se e cochichou em meu ouvido:

– Nossa! Que gata! Você precisa me falar mais sobre ela...

– Fique quieto, Nando, eu também acabei de conhecê-la.

Lena explicava para William o ocorrido com João Carlos Carptner e sua ida, em companhia de Elisa, para o CREA.

– Conte-nos logo, William – falei, curiosa –, por que você e o Roberto estão com as auras tão coloridas?

– Prefiro que Roberto responda, afinal, os louros são dele.

Roberto agradeceu timidamente os elogios de William e esclareceu:

– Temos boas notícias, mas antes, explicarei o mecanismo de ação da pílula Z6. A anestesia geral dos ET's, denominada de X1, atua diretamente no córtex cerebral e atinge os centros nervosos. O antídoto Z6 adere à camada de mielina, protegendo os neurônios, e eles não são atingidos pela substância usada pelos extraterrestres, mantendo os abduzidos acordados.

Após uma pausa, Roberto continuou:

– Como a pílula Z6 ainda não havia sido testada em seres humanos, resolvi trabalhar com uma subdose, com medo de efeitos colaterais não previstos. As doses cedidas ao meu amigo William eram baixas, comparadas com a que neutraliza totalmente o anestésico dos ET's *in vitro*. Acredito que, se ajustarmos a concentração do medicamento, o abduzido poderá ficar 100% possuidor de seus sentidos normais! Associei ainda à fórmula um analgésico potente para controlar a dor abdominal, que William relatou sentir no instante em que os ET's conectaram os tubos em seu corpo. As novas cápsulas estão aqui para serem distribuídas entre vocês. Os abduzidos deverão tomá-las regularmente, uma hora antes de se deitarem, a partir do sétimo dia após sua última abdução.

– Muito bom! – exclamou Lena. – Sinto que estamos no caminho certo, mas olhem para mim. Estou com a minha aura verde de fome! Já passou da hora do jantar, e na minha idade, não posso ficar muito tempo em jejum. Vamos encerrar por hoje, além do mais, precisamos pensar na experiência de William. As decisões tomadas com calma são mais sábias.

No centro da praça de alimentação, Marcos me esperava pacientemente. Mais uma vez, eu estava atrasada. Quando cheguei, ele abriu um largo sorriso e veio ao meu encontro.

– Veja quantos pássaros! Só de pensar que um dia eles quase acabaram... Ainda bem que isso não aconteceu!

Olhei para o céu. Senti a brisa do final da tarde em meu rosto e observei vários pássaros que sobrevoavam a praça de alimentação. Virei-me para Marcos e disse:

– O ser humano errou muito na história evolutiva do planeta. A Terra quase foi destruída pela irresponsabilidade dos homens. O mundo demorou a perceber que a energia do planeta é única e que, sem a energia da natureza, não sobreviveríamos.

Marcos me abraçou com força ao dizer:

– E quando achamos que os problemas da Terra estavam todos resolvidos, aparecem esses extraterrestres. Tenho medo de que eles destruam o que nós levamos milhares de anos para construir.

– Tem razão, mas vamos entrar para jantar, estou morrendo de fome.

Morre o
Primeiro Abduzido

Daniela Carptner saiu da reunião e foi direto para a casa de seus tios. Chegando lá, chamou várias vezes. Como ninguém respondeu e os cães não paravam de latir, resolveu entrar e esperar. Cumprimentou os três vira-latas com afagos e foi para a sala. Os animais deixavam-na mais calma; ficou um tempo abraçada a eles, recebendo suas boas energias. Olhou para o relógio, que marcava 18h00min. A robozinha da casa veio lhe perguntar se queria alguma coisa. Daniela pediu um suco de laranja. Acomodou-se em um grande sofá flutuante e, com comando vocal, ligou o PH e surpreendeu-se ao ver que o locutor do programa sintonizado era Jonas, aquele membro da comissão, mal-humorado, que havia conhecido naquela tarde. Ele apresentava estatísticas sobre abduções. Daniela ficou escutando, atenta às suas palavras:

"Portanto, senhoras e senhores, as abduções vêm Todos nós, homens e mulheres, entre vinte e oitenta anos, estamos suscetíveis às via aumentando assustadoramente nos últimos quatro meses. gens com os alienígenas."

Daniela transferia os gráficos para seu computador de pulso, quando ouviu o barulho da porta se abrindo. Os cães saíram correndo alegres da sala, e Daniela foi atrás para receber seus tios.

– Que bom que chegaram! – ao abraçá-los, sentiu que estavam magros e abatidos. Espantou-se com a aparência de ambos e tentou despistar com um sorriso.

– Não precisa tentar disfarçar, minha sobrinha querida. – disse Elisa – Sei que ficou chocada ao nos ver nesse estado.

– Tios, estou sabendo de tudo. Cheguei à reunião logo após a saída de vocês. Hoje mesmo começarei a tomar a pílula Z6.

– E nós? – quis saber Elisa.

– Vocês têm um período negativo de sete dias, portanto só começarão a tomar o medicamento daqui a uma semana. Tenho mais novidades. Roberto ajustou a dose do antídoto Z6 e garante que, agora, os abduzidos ficarão acordados, não sentirão dor e estarão possuidores de seus sentidos normais, podendo se movimentar na nave.

– É fantástico! – exclamou João Carlos – E foi traçado algum plano?

– Ainda não. Ficamos de pensar e trocar ideias na próxima reunião. Clara insiste em tentar conseguir um decodificador.

– Ela tem razão. – disse Elisa – Precisamos entender o que eles falam para podermos agir com segurança.

Daniela mudou de assunto delicadamente:

– Fale-me sobre o CREA. Como estão se sentindo?

– Fraqueza, minha filha, e também muito frio. A visita ao CREA nos fez muito bem; passaremos a frequentar a instituição diariamente. Tenho medo de não aguentar mais uma abdução. Sei que estou morrendo.

– Por Deus, não fale assim. – Daniela abraçou seus tios e começou a chorar.

Foram interrompidos pelo chamado do computador. A imagem de Alexandre Maia, presidente da Associação dos Abduzidos, surgiu em 3D, em tamanho natural, no PH, convocando todos para uma reunião virtual no sábado. Assim que a imagem desapareceu, Elisa falou para o marido:

– Acho melhor irmos nos deitar. Vamos deixar Dani à vontade.

– Sempre me sinto à vontade na casa de vocês, tios; mas também vou para o meu quarto, quero pensar um pouco e estou ansiosa para tomar a Z6.

Daniela revirava sua bolsa à procura das pílulas, quando o computador chamou novamente. Dessa vez, era William, avisando que estava chegando. João Carlos mostrou-se preocupado:

– O que será que William quer a essa hora?

– Deve ser comigo, tio; alguma coisa sobre a pílula Z6.

– Acertou em cheio! – falou William, entrando pela porta automática. – Boa noite! Desculpem-me por vir sem avisar. Gostaria de falar com você, Dani; agora que não podemos mais nos comunicar pela rede, vamos voltar a nos visitar como antigamente.

Carptner veio se despedir:

– Já que não precisa falar conosco, minha esposa e eu vamos nos recolher. Estamos cansados.

– Fiquem à vontade. Não quero incomodar; minha conversa com Dani será rápida.

Após as despedidas, Daniela falou, comovida:

– Sinto muito pelos meus tios. Quero ajudar o mundo a ficar livre desses ET's sugadores de alma.

– Estou aqui para falar sobre isso. Não podemos deixar que a ansiedade estrague nossos planos. Se você for abduzida esta noite, permaneça imóvel na nave, mesmo quando estiver sozinha. Eles podem ter câmaras escondidas.

– Pode confiar em mim. Farei da forma que vocês da comissão quiserem.

– Ótimo! – William enfiou a mão no bolso e retirou uma microcâmera digital, entregando-a para Dani – Prenda-a em seus dentes, pois eles nos tiram as roupas, e, se tiver oportunidade, filme alguma coisa.

– Mas como irei filmar se não posso me mexer?

– Siga sua intuição!

– Tudo bem.

William foi embora, e Daniela ficou pensando em suas palavras. Gente estranha a daquela comissão... *"Fique imóvel.",. "Se puder, filme...", "Tome cuidado!", "Siga sua intuição!".* Conselhos absolutamente inúteis, já que tão contraditórios. Foi deitar-se e dormiu um sono agitado, porém, sem a visita dos ET's.

A quinta-feira amanheceu nublada, e uma garoa fina cobria toda a cidade do Rio de Janeiro. Jonas levantou-se e foi para o banho. Enquanto tomava café, conferia os relatórios estatísticos que apresentaria no programa daquele dia. Ficara finalmente provado que os ET's queriam nos prejudicar e que a humanidade precisava descobrir uma forma de se proteger. Vinte e oito pessoas estavam passando muito mal. Jonas pensou que o dia em que tivesse de divulgar estatísticas sobre a morte de abduzidos poderia estar chegando.

Marcos e eu acordamos e ficamos preguiçosamente tomando o café da manhã na cama, em companhia do cachorrinho Perlo e da gatinha Estrelinha. Abracei Marcos e falei, com tristeza:

– Mais cedo ou mais tarde, as pessoas saberão do antídoto Z6. Não podemos divulgar nada agora com medo de estragar nossos planos. Porém, se um abduzido morrer, o povo nos cobrará soluções. A situação é muito difícil...

Robozinha Tchuca entrou no quarto para retirar a bandeja do café, e Perlo começou a latir.

– Fique quieto, Perlo! – exclamei, pegando-o no colo.

Marcos começou a rir:

– O engraçado é que ele só late para Tchuca quando ela vem tirar a comida.

Olhei para Marcos com carinho. Para que os seres humanos merecessem a plenitude amorosa, eram necessárias dezenas de encarnações de aprendizagem com o desenvolvimento do perdão e do respeito mútuo na convivência. A alma precisava abster-se do orgulho e do egoísmo.

Dois dias se passaram sem novidades, e sábado à tarde, fui para a casa dos Carptners assistir à reunião virtual dos abduzidos. Chegando lá, encontrei Daniela estudando. Os três simpáticos vira-latas dos Carptners, que estavam deitados perto de Dani, vieram me receber.

– Acho que cheguei cedo demais. – falei, afagando os animais – Espero não estar atrapalhando...

Daniela ergueu a cabeça e falou, sorrindo:

– Imagine, Clara, você nunca atrapalha. Estou fazendo um levantamento com veterinários, para saber o número de animais que anda sentindo muito frio associado a distúrbios comportamentais. Preocupo-me muito com eles...

– Muito interessante. Peça ajuda a meu irmão. Ele conhece algumas pessoas ligadas à fauna. E seus tios? – perguntei, mudando de assunto.

– Ainda não saíram do quarto – respondeu Dani, desanimada – agora é sempre assim, passam o dia deitados, sem forças para trabalhar. Estou muito aflita.

A porta automática se abriu; Márcia e Thiago entraram.

– Oi! Viemos assistir à reunião virtual dos abduzidos com vocês.

– Jonas não quis vir? – quis saber João Carlos Carptner, que acabara de entrar na sala.

– Já deve estar chegando... – mal Thiago acabara de responder, Jonas entrou, cumprimentando todos.

– Dani, vá chamar sua tia. – pediu Carptner – Avise que a reunião vai começar.

Enquanto João Carlos acionava o PH, sua robozinha de casa oferecia lanches aos presentes. Vinte e oito abduzidos mais frequentes falariam em rede mundial. Bilhões de pessoas estavam conectadas à rede naquele momento.

Elisa entrou na sala. Estava toda agasalhada, e sua expressão era de cansaço e tristeza. Sua chegada nos comoveu.

Elisa sentou-se ao lado do marido em uma poltrona específica, e a imagem dos dois foi transferida para o PH, juntamente com a imagem dos outros vinte e seis abduzidos, de outras regiões, que ocupavam o restante do espaço de projeção. Todos estavam agasalhados, apresentavam olheiras e expressão de tristeza, igual aos Carptners.

Os abduzidos falavam as mesmas coisas. Os depoimentos eram sempre iguais. Estavam visivelmente em sofrimento. Senti medo de que não conseguíssemos ajudar aquelas pessoas a tempo. Quando um homem chamado Joel começou a falar, todos silenciaram. Ele afirmava ter visto um ser humano na nave conversando com os ET's!

– Foi na hora em que cheguei – falou ele – antes de me aplicarem a tal injeção que faz apagar. Era um homem moreno, todo vestido de preto. Aí, um ET começou a gritar e o homem foi embora. Então me aplicaram a anestesia e eu dormi.

Jonas levantou-se e exclamou, nervoso, enquanto andava de um lado para o outro:

– Meu Deus! Quanta burrice! Porque esse abduzido não procurou a comissão? Ele não podia ter dado essa informação em rede mundial.

– Agora já era – concluiu Márcia – o mal está feito. Isso é muito grave.

– Será um traidor? – questionei.

Carptner afirmou, convicto:

– Qualquer conclusão nossa, a essa altura, é precipitada.

A reunião virtual encerrou-se com os conselhos de Elisa sobre o CREA. Ao desligar a projeção, João Carlos murmurou:

– Quanto mais descobrimos coisas, mais essa história fica misteriosa...

Levantei decidida e falei:

– A vitória está em saber ordenar os fatos com precisão. Temos de ser prudentes e descobrir quem é esse homem.

Elisa Carptner despediu-se e resolveu regar suas plantinhas antes de se recolher. Esse hábito ajudava a relaxar e a pensar melhor. Viu uma folhinha com algumas manchas escuras e preocupou-se. – *"Será que minhas plantinhas estão doentes?"* – pensou. Ao tocar a folha, ela saiu voando, e Elisa percebeu que não era uma folha, e sim um inseto. – *"Às vezes as coisas não são do jeito que parecem ser. Seria o ser humano da nave realmente um ser humano?"*

William estava na universidade. Olhou para o relógio, que marcava 20h30min. – *"Acho melhor ir para casa."* – Lembrou-se da citação do abduzido quanto a um ser humano entre os ET's. – *"Aquilo era impossível, não existem traidores na raça humana! Todos nós respeitamos o próximo. Traição é coisa do passado. Esse ser humano não pode ser um humano! Com certeza, um ET disfarçado de gente. Vai ver que é assim que eles vêm à crosta: disfarçados!"*

O domingo estava ensolarado, e Jonas acordou cedo. Pretendia fazer uma caminhada na orla e depois iria jogar bola com amigos. Estava quase pronto para sair, quando seu computador chamou. Era João Carlos Carptner e estava muito nervoso:

– Jonas! Responda! É o João...

— Estou aqui, Carptner. O que foi?

— Jonas, venha para o hospital. Elisa está internada. Ela não acordou hoje, está em coma profundo. Fiquei sabendo que tem também outro abduzido internado na Bahia.

— *"Meus pressentimentos estavam corretos..."* – pensou Jonas. – "os *abduzidos não tardam a morrer".*

— Irei para o hospital imediatamente.

Deixei uma mensagem para Marcos no computador, avisando que Elisa estava internada e que eu estava indo para o hospital. Saí de casa apressada e, ao chegar, precisei enfrentar vários repórteres que me cercaram à porta. Tive dificuldades para entrar e só consegui porque prometi dar notícias à imprensa sobre o estado de saúde de Elisa. No saguão, encontrei João Carlos sentado a um canto, cabisbaixo, em companhia de Lena, que rezava, em silêncio. Quando Lena me viu, levantou a cabeça e falou:

— Clara! Que bom que chegou; William, Thiago, Jonas e Márcia também estão aqui. Foram até a cantina levar Daniela para tomar café. Coitadinha – falou, comovida – ela gosta muito da tia...

Percebi que Carptner chorava e me aproximei. Fixei o olhar em sua aura e fiquei surpresa ao perceber que estava intacta!

— *"Isso é impossível!"* – pensei – *"Quando um homem chora, sua alma também chora!"* – No entanto, não havia tristeza na aura de Carptner, e seu corpo físico se desmanchava em um pranto silencioso. Abracei-o e, com um lenço de papel, enxugando seus olhos marejados de lágrimas, indaguei:

— Como aconteceu?

João Carlos Carptner enxugou o rosto com as mãos e, tentando controlar o choro, respondeu:

— Ontem, após a reunião dos abduzidos, Elisa regou suas plantas como de costume e fomos nos deitar. Ela queixou-se um pouco e adormeceu. Hoje pela manhã, estranhei porque minha esposa não se levantou e, quando a chamei, ela não respondeu. Ao tocá-la senti que estava gelada e desfalecida. Já se encontrava em coma profundo, e o mais estranho era o fato de sua aura não demonstrar a grave situação de seu corpo físico.

– Isso também está acontecendo com você. – falei – Agora mesmo, observando-o, notei que apesar de estar chorando, sua aura não demonstra tristeza.

– Sei que eu não demoro a morrer. Está sabendo que existe outro abduzido em coma em um hospital na Bahia?

– Oh! Meu Deus! Aonde vamos parar?

– Não sei, mas tenho medo de me deitar para dormir e, assim como Elisa, não acordar mais...

Daniela, Márcia e William entraram no saguão do hospital, e William aproximou-se, conduzindo-me para um canto da sala.

– Jonas recebeu uma mensagem. – falou William, nervoso – O abduzido internado no hospital de Salvador, um tal de Silveira, acaba de falecer.

– Vamos dar a notícia para Dani e João Carlos agora. – ponderei – Melhor que eles saibam pela gente do que por repórteres.

Anoiteceu, e a situação de Elisa era a mesma: continuava em coma. Carptner resolveu dormir no hospital, e Daniela preferiu ir para a casa, tomar a pílula Z6.

Ao chegar, tomou o antídoto, deitou-se e, apesar de cansada, não conseguia dormir: pensava muito em seus tios. Demorou a entrar em sono profundo.

Passadas algumas horas, a abdução começou a acontecer. A luz forte... O toque gelado dos extraterrestres... Daniela sentia-se flutuando pelo espaço até a entrada da grande nave. Alguns ET's conduziram-na para uma mesa; estava fraca, mas ainda consciente. Sentiu a picada da injeção, e nada aconteceu. Dani continuava acordada. Fechou os olhos, fingindo adormecer. Tiraram-lhe as roupas e transferiram-na para a "cama sugadora", conectando tubos em seus *chakras*. O efeito da nova fórmula da Z6 estava perfeito.

– "*Não senti as dores descritas por William.*" – pensou Daniela.

As máquinas foram ligadas, e cenas de sua vida surgiram em sua mente. Fatos ocorridos na infância apareceram em seus pensamentos. Tudo muito rápido. Parecia um filme da própria vida, parecia a morte...

Quando as máquinas foram desligadas, Daniela sentiu-se melhor. Certificou-se de que a microcâmara continuava presa em seu dente. Escutou as vozes dos ET's se aproximando e ficou quieta. Levaram-na para outra sala. Semicerrou os olhos e enxergou outros seres humanos sendo depositados no chão ao lado de plantas e animais. Todos dormiam profundamente.

As luzes se apagaram, e um silêncio fúnebre tomou conta do ambiente.

Daniela, disposta a se arriscar, abriu os olhos e testou os movimentos de seus braços e de suas pernas; estava tudo normal! Na mesma hora, levantou-se e filmou a sala e os corpos com a câmara que destacou de seu dente. Além das pessoas, dos animais e das plantas, havia cilindros parecendo extintores de incêndio, espalhados por todo o ambiente. Ouviu vozes e voltou para a posição em que estava. As luzes se acenderam, e os ET's começaram a vestir os abduzidos. Daniela sentiu medo, mas nenhum ET parecia prestar atenção nela. Colocaram-lhe a roupa e borrifaram-lhe um líquido quente. Jogaram-na no espaço, e Dani sentiu que flutuava de volta para casa. Ao perceber que estava em sua cama, levantou-se e foi direto para o computador; chamou William, que a atendeu prontamente.

– William, fui abduzida esta noite...

– Não fale mais nada. Venha direto para o hospital.

A portaria do hospital estava lotada. Jornalistas e abduzidos formavam uma multidão. No saguão, Dani abraçou o tio com força, e quase no mesmo instante, o médico chegou.

– Dr. Carptner, não tenho boas notícias. A Sra. Carptner acaba de falecer.

Daniela começou a chorar, e fui até ela consolá-la. O médico chamou William em um canto:

– Sei que Elisa e vocês são da comissão da FEO. Está acontecendo algo de muito estranho na UTI. A Sra. Carptner está clinicamente morta e, no entanto, sua aura, que deveria ter desaparecido, subido para o além, continua lá. Uma energia estática paira sobre o corpo de Elisa Carptner.

– E o abduzido que morreu na Bahia? – quis saber William – Aconteceu também com ele?

– Sim. Mas lá ainda não foi feita a autópsia, estão esperando que apareça um parente para autorizar. Parece que o pobre coitado era sozinho neste mundo.

– O corpo de Elisa deve ser transferido para a sala de autópsias imediatamente! – determinou William, convicto – Vou conseguir a autorização com o marido dela.

Aproximei-me, enquanto o médico se afastava.

– O que foi que aconteceu? – perguntei.

– A aura de Elisa não subiu com sua alma, está pairando sobre o corpo inerte, porém de uma forma estática. Pedi que a encaminhassem para a autópsia. Daniela foi abduzida esta noite, mas não devemos discutir issto agora. Ela está chocada com a morte da tia e não terá condições de dar seu depoimento. Vamos deixar o tempo passar e amenizar o trauma antes de comunicar ao restante da comissão. De qualquer maneira, reuniremo-nos após o enterro. Você não gostaria de acompanhar a necropsia de Elisa?

– Sim – respondi, com pesar – vou me preparar.

Já ia saindo, quando William me segurou pelo braço.

– Espere!

– O que foi, William?

– Alguém deveria fazer contato com os desencarnados. Pode ser que, em outro plano, tenham informações para nos ajudar a entender melhor essa história da aura.

– Claro! Vá falar com Márcia e Thiago e peça que procurem o CURSO – Centro Único Religioso e Social Organizado. – Darei notícias assim que a necropsia acabar.

Dr. Carptner estava arrasado com a morte da esposa. Parecia um morto-vivo sentado ao lado da sobrinha Daniela. Sua aura continuava não demonstrando seus sentimentos. – *"Essa aura é mesmo falsa."* – pensou William – *"Não demonstra sentimento... nem mesmo a morte.".*

William pediu que Carptner assinasse a autorização da autópsia e aconselhou-o a ir para casa com a sobrinha. Não adiantaria ficarem no hospital. Elisa havia morrido, não tinham mais nada a fazer.

Thiago e Márcia chegaram ao CURSO às dez da manhã. Entraram no amplo prédio onde as pessoas se reuniam para rezar e escutar palestras ministradas por espíritos em alto grau de evolução. A sensação de paz que reinava no ambiente era reconfortante. Lá, não havia líderes religiosos. A hierarquia era apenas burocrática, por questões de organização. Todos somos irmãos e temos os mesmos direitos perante Deus. Almas mais evoluídas têm o poder de orientar sem imposições.

Márcia aproximou-se de uma mulher e pediu para falar com Célia Silva, uma médium que lá residia. Foram conduzidos a uma sala no sexto andar do prédio e recebidos com carinho por Célia, que não se mostrou surpresa com a visita.

– Já esperava por vocês da FEO. Estou sabendo da morte de dois abduzidos. Gostaria que se sentassem, para escutar o que tenho a dizer.

Thiago e Márcia acomodaram-se em um banco perto de uma janela, e Célia falou bem devagar:

– As almas deles sumiram...

Márcia e Thiago se entreolharam, assustados.

– Como assim? – perguntou Thiago.

– A senhora deve estar brincando conosco. – observou Márcia contrariada. – Não estou entendendo nada!

Após um breve intervalo, Célia Silva esclareceu, fitando-os:

– Pois bem, a situação é exatamente esta: hoje cedo, conversei com meus mentores espirituais. As almas de Silveira, morto em Salvador, e de Elisa não chegaram ao Nosso Lar,* nem a qualquer outra colônia espiritual de nosso planeta. Mesmo nos planos mais evoluídos, ninguém sabe o que aconteceu! As almas deles evaporaram! Sumiram!

Thiago mantinha um semblante sério e preocupado.

– Acho melhor sairmos agora e avisarmos o restante da comissão sobre esse novo e gravíssimo fato.

Márcia levantou-se agradecendo a Célia e pedindo que lhes comunicasse qualquer notícia.

William e eu conversávamos no saguão do hospital sobre a necropsia:

– Nenhuma novidade – falei – todos os órgãos estão macroscopicamente normais. Agora vamos esperar os resultados da histopatologia...

– E a aura?

– Completamente estática... Não é real!

Márcia e Thiago entraram na sala, esbaforidos:

– William! Clara! Vocês não vão acreditar, as almas de Silveira e Elisa desapareceram!

– Que história maluca é essa? – indaguei, curiosa.

Foi Thiago quem respondeu de forma lacônica:

– Acabamos de conversar com Célia Silva, do CURSO; ela contatou seus guias espirituais pela manhã. Foi avisada de que as almas dos dois não estão em nenhum lugar do planeta. Elas só podem estar na nave!

William e Clara estavam estarrecidos:

– Isso é incrível!

– Acho que as coisas começam a fazer sentido – falei – os ET's querem as nossas almas.

Márcia andava de um lado para o outro, enquanto indagava:

– Mas por quê? Para quê?

– Não sei... – murmurou William – Devemos procurar Daniela. Sei que o momento é de dor, mas temos urgência em saber de sua abdução na noite passada.

Thiago mostrou-se magoado:

– Dani foi abduzida? Por que ninguém me contou nada? Vão começar a esconder o jogo agora?

– Não seja tolo, Thiago – repreendi – não há segredos na comissão. Simplesmente não houve tempo. Ainda não contamos para ninguém. A morte de Elisa deixou Daniela arrasada. Vamos respeitar sua dor e procurá-la somente depois do enterro. Isso não impede que o restante da comissão se reúna agora para discutir o desaparecimento das almas.

William mandou uma mensagem convocando todos a comparecerem à sede da FEO em vinte minutos, para uma reunião de emergência.

Jonas foi o primeiro a chegar à FEO. Recebera mensagens de jornais de todo o planeta pedindo mais detalhes da morte dos abduzidos. Jonas acreditava que a abdução era como uma doença incurável e que todos os que a sofressem iriam morrer.

– *"Pode ser a extinção da raça humana..."* – pensou.

Lena Lion chegou junto com Fernando, e nós entramos em seguida. Todos se espantaram ao ver Daniela chegar. Fui até ela e abracei-a, falando com ternura:

– Não precisava ter vindo, minha querida. Sabemos o quanto está sofrendo. Poderia ter ficado no velório com seus parentes.

A moça confortou todos:

– Não se preocupem comigo. Eu estou bem. E quanto ao velório, meu tio ficou lá, e não pretendo me demorar. Vim mais para contar-lhes sobre a minha abdução na noite passada e trazer o filme. Não há muitas novidades; nada além do que William já relatou. A grande notícia é que a nova fórmula da Z6 é perfeita. Fiquei consciente, com todos os meus movimentos normais e consegui filmar alguma coisa.

Daniela entregou o filme para William, que o projetou. Imagens confusas de corpos nus empilhados, junto com plantas e animais em um canto e cilindros parecendo extintores, organizados em outro lado.

– Grande coisa! – exclamou Jonas, exaltado. – Temos imagens de um monte de gente pelada dormindo. Pelo jeito, nada acontece de diferente nas abduções! As tais "camas sugadoras" vão nos sugar até a morte. Hoje, mais oito novas pessoas foram abduzidas, isso não vai parar...

Lena Lion balançou a cabeça e disse, desanimada:

– Como deter ladrões de energia? A tal aura estática que paira sobre os corpos de Elisa e Silveira é falsa, uma ilusão. Nossa energia verdadeira está ficando na nave...

Daniela interrompeu Lena com um comentário:

– Não consegui filmar nenhum extraterrestre, mas os abduzidos devem lembrar que todos os ET's usam um cinto preto, que é o mesmo que colocam para nos abduzir. Percebi, enquanto eles me vestiam, que o cinto emite um fluido energético diferente...

– Precisamos conseguir um desses! – exclamei – o decodificador deve estar acoplado a ele.

Jonas sorriu e falou, com ironia:

– Ótima ideia, Clara! Mande uma mensagem para os ET's, pedindo que entreguem o cinto em sua casa.

– Não é hora para brincadeiras, Jonas! – respondi, irritada.

Thiago interferiu, mudando de assunto:

– Hoje pela manhã, Márcia e eu estivemos no CURSO. Lá fomos informados de que as almas dos abduzidos mortos não estão nas dimensões do planeta. Só podem estar na nave!

Jonas insistiu:

– A situação é emergencial. Não podemos ficar sonhando em conseguir um cinto daqueles. Temos de ser mais realistas e pensar nos fatos. Daniela levantou e andou na nave sem ser notada; isso quer dizer que eles não devem possuir câmaras, pelo menos nesse compartimento. Ela se arriscou, e temos se nos arriscar mais! Precisamos agir!

– Não devemos tomar atitudes sem antes refletirmos sobre suas consequências – falei.

– E enquanto "refletimos", pessoas estão morrendo, senhora Clara. disse Jonas, em tom de revolta.

Eu já estava perdendo a paciência. Thiago, mais uma vez, interferiu:

– Concordo com meu irmão, mas também concordo com Clara quanto ao valor da cautela. Se os ET's descobrirem a Z6, aí sim, perderemos as esperanças.

Márcia sugeriu:

– Se os ET's pegarem um abduzido acordado na nave, falaremos que o problema é com a anestesia deles.

Daniela continuava recordando sua abdução:

– Depois que colocam os tubos, deixam-nos a sós. Mas quando ligam as máquinas, ficamos tomados por lembranças e emoções. É muito difícil reagir, mas é a única oportunidade de nos levantarmos para tentarmos descobrir alguma coisa.

Lena Lion perguntou, apontando para os cilindros que apareciam projetados:

– Para que será que servem aqueles recipientes?

William maximizou a imagem:

– Eles possuem umas etiquetas, mas não dá para ler; o próximo abduzido ficará encarregado de filmar as identificações dos cilindros mais de perto.

Daniela falou, com os olhos marejados de lágrimas:

– Gente... Desculpe-me, mas preciso voltar para o velório de minha tia.

Nando, em um impulso, abraçou-a, mas logo se afastou, constrangido, e falou:

– Iremos todos com você. Acho que podemos continuar a reunião outra hora. Agora, vamos rezar por Elisa.

Desvendando
o Mistério

Fui para casa logo após o enterro. Marcos chegaria mais tarde. Brinquei um pouco com os animais e pedi ao computador que projetasse as últimas notícias. A informação não podia ser pior. Mais um abduzido estava internado em um hospital de Guarapari.

– "*Mais uma alma roubada...*" – pensei.

Entrei no banho e deixei a água quente cair por alguns minutos nas minhas costas. A sensação relaxante me deu sono, e fui me deitar sem esperar por Marcos.

Adormeci, e não sei quanto tempo se passou para que, de repente, eu enxergasse uma luz muito forte. Comecei a flutuar e só então entendi que estava sendo abduzida. Acordei no dia seguinte e corri para o computador:

– William! Responda! Sou eu, Clara.

– Bom dia, Clara! – respondeu William, com voz de sono.

– Fui abduzida esta noite.

– Não me diga! Precisamos nos encontrar, passe mais tarde na universidade.

– Está certo, até mais tarde.

Marcos entrou na sala e indagou:

– Com quem estava falando tão cedo?

– Com William. Marcos, você notou alguma coisa diferente esta noite?

– Como assim?

– Sei lá, qualquer coisa...

– Não, não notei nada. Quando cheguei, você já estava dormindo. Não querendo incomodá-la, deitei-me ao seu lado e adormeci também.

– Fui abduzida!

Marcos me abraçou e falou, com tristeza:

– Não vou deixar que os ET's a roubem de mim.

– Começarei a tomar a pílula Z6 na semana que vem e vou sugerir que todos da comissão a tomem a partir de hoje, inclusive os agregados, como você e os cientistas. Podemos ser abduzidos a qualquer momento. Todos têm de tomar a Z6, não sei como não pensei nisso antes. O próximo que for abduzido sairá andando na nave.

– Mas isso não pode ser perigoso?

– Como disse Jonas, pessoas estão morrendo, não podemos ficar parados. Agora tenho de me arrumar para sair. Hoje deixei de ser médica e passei a ser paciente.

O mês de março do ano de 2118 chegou ao fim. Nos últimos vinte dias, mais cinco abduzidos morreram e oito estavam internados. A presidente já não sabia mais o que falar para a população, que cobrava decisões também da comissão da FEO. O mundo vivia amedrontado, as pessoas não queriam mais dormir com medo da abdução e andavam pelas ruas se arrastando, esgotadas.

Todas as almas de abduzidos que morriam desapareciam.

Fernando e Daniela passaram a se encontrar com frequência para estudar as auras das plantas e dos animais, que estavam ficando estáticas. Muitas espécies estavam sendo abduzidas. As reuniões estavam mais escassas, por falta de novidades.

Na noite de 2 de abril, William estava em seu quarto lendo alguns artigos médicos sobre *chakras* quando soou o sinal e a imagem de Carptner surgiu na tela ao lado da porta. Ele entrou encurvado, falando devagar:

— Boa noite, William.

— Como está, Carptner?

— O mesmo de sempre. Tenho passado parte de meus dias no CREA; é o que tem me mantido vivo. Sei que a morte está próxima...

— Você acha que quando morrer encontrará Elisa na nave?

— Sim! É isso que espero. Quero voltar logo para perto de minha mulher, esteja ela onde estiver! Quantos ainda morrerão até que decifremos esse mistério?

— Temos de confiar em Deus.

— Já tomou a Z6? – perguntou Carptner.

— Sim, estava indo me recolher.

— Eu também, mas lembrei que engoli minha microcâmara. É a segunda que engulo; esse negócio de ter que dormir com ela presa no dente vai acabar me fazendo mal.

— Tem de prender bem – respondeu William, sorrindo.

— Então – continuou Carptner – como não tenho outra em casa, vim ver se você tem uma para emprestar.

— Claro!

William entregou uma microcâmara para João Carlos Carptner, e os dois se despediram. Antes de sair, Carptner disse, cabisbaixo:

— Vou parar de ir ao CREA, eu quero morrer.

— Não desista. – respondeu William, segurando as mãos do amigo – É importante que você continue vivo para aguentar mais uma abdução. Pense na sua esposa. Somente nós da comissão, que estamos tomando o antídoto Z6, somos capazes de trazer informações da nave. Somos os personagens principais dessa história.

William colocou as mãos nos ombros de Carptner e falou, com firmeza:

– Reaja, amigo!

Carptner consentiu com a cabeça, retirando-se em seguida.

William adormeceu e não demorou muito para perceber que estava sendo abduzido. Os ET's fizeram como de costume e, após aplicarem a injeção, despiram-no e colocaram-no deitado na cama de tubos. As emoções não tardaram a aparecer. William não aguentou, começou a chorar, e quando os tubos foram desligados, resolveu permanecer imóvel. Os ET's retornaram e o levaram para a sala seguinte.

Assim que se viu sozinho, levantou-se e saiu, passando por cima dos corpos nus de homens e mulheres adormecidos. Seus olhos brilharam ao enxergar um cinto preto em cima de uma bancada.

– "*O cinto que Clara queria*" – pensou – "*mas como levá-lo?*" – Estava nu, não tinha como guardá-lo. Segurou-o e notou que possuía um *chip* em seu interior. Retirou o *chip* e pensou em colocá-lo na boca, mas não tinha como prendê-lo e podia engolir quando flutuasse de volta para casa. Olhou para um canto e viu várias camisolas e pijamas.

– "*Preciso achar o meu.*"

Revirou o monte de roupa e, quando escutou as vozes dos ET's, enfiou o *chip* em um bolso de um pijama qualquer, voltando rapidamente à sua posição. Os ET's entraram em seguida e começaram a vestir os corpos adormecidos, ao mesmo tempo que borrifavam-lhe um líquido quente e viscoso. William flutuou de volta e, quando se deu conta, estava em sua cama com o fiel Bóris pulando e abanando o rabo.

O dia amanhecia, e William espreguiçou-se, pedindo o café da manhã. Sua robozinha trouxe-lhe uma bandeja com variedades, e William pensava enquanto comia:

– "Irei imediatamente procurar as pessoas que foram abduzidas esta noite. *Não será difícil localizar o chip. Entrarei em contato com todas as unidades médicas que atendem abduzidos. Pedirei aos médicos abdulogistas que orientem seus pacientes para vasculharem os bolsos de seus pijamas.*" – respirou fundo e foi trocar de roupa para sair.

Paulo Souza era advogado e morava com a mãe em um apartamento cedido pelo governo no centro de Belo Horizonte. Acordara apressado. Precisava passar no fórum antes de ir para o escritório e, ainda por cima, tinha sido abduzido e teria também de ir ao médico para fazer os exames de rotina. Despiu-se e foi para o chuveiro, pensando em seus compromissos.

O papel dos advogados na sociedade mudara muito nos últimos cem anos. Os habitantes do planeta seguiam uma única lei: "Não faça ao próximo o que não gostaria que fizessem a você". Era a Lei de Deus, respeitada por todos. Não existiam crimes, e os julgamentos haviam perdido o sentido, já que a culpa passou a ser visualizada na aura. Cabia aos advogados organizar eventos burocráticos e mediar conversas, administrando a formação e o andamento de sociedades jurídicas.

Enquanto Paulo tomava banho, sua mãe entrou no quarto e pegou seu pijama, que estava jogado em cima da cama. Ao dobrá-lo, notou que havia algo em seu bolso. Retirou o *chip* e pensou:

– "*Muito estranho alguém guardar um chip no bolso do pijama.*"

Abriu uma gaveta e colocou-o junto com outros objetos.

Paulo saiu do banho, beijou sua mãe e ligou para seu médico abdulogista para marcar uma consulta.

Ainda não eram oito horas da manhã e William já havia feito contato com todos os consultórios abdulogistas do país.

ABDUÇÃO – O MISTÉRIO DOS EXTRATERRESTRES | 89

– "*Agora é só esperar.*" – pensou, apreensivo.

Ligou para os membros da comissão marcando uma reunião para as onze horas.

– "*Até lá, esse chip estará comigo.*"

O tempo passou, e William, cada vez mais nervoso com a demora, pediu o adiamento da reunião para as duas horas da tarde. Às 13h30min, ligou novamente para os consultórios, e nada, nenhuma notícia do *chip*. Resolveu manter a reunião e contar os fatos para seus colegas.

Na sede da FEO, já com todos reunidos, William lamentou:

– Como pode ser? Esse *chip* esteve em minhas mãos, e eu o perdi.

Lena consolava-o:

– Calma, William, ele vai aparecer, ainda é cedo.

– Você não se lembra da cor ou do tipo de pijama em que colocou o *chip*? – perguntei.

– A sala estava muito escura. – respondeu, desanimado – Acho que tinha listras.

Jonas levantou-se e exclamou:

– Procura-se um pijama listrado! Parece piada!

– Será que os ET's o acharam e o retiraram? – perguntou Márcia.

Foi o próprio William quem respondeu:

– Não acho provável. Os ET's teriam feito algum alarde, e eu teria notado. Lembrem-se de que permaneci acordado o tempo todo.

Jonas consultou seu computador de pulso e falou:

Tivemos vinte e cinco abduzidos na noite passada. Os médicos já encerraram suas consultas.

Vamos convocá-los para uma reunião virtual e perguntar! – exclamou Márcia.

Jonas prosseguiu, impaciente:

– Não podemos falar dos ET's em rede. Nada de reuniões virtuais, vamos chamá-los aqui.

– Não todos, apenas os que dormiram de pijamas listrados. – lembrou Lena.

– Eu ajudo você. – falou Daniela, dirigindo-se a Jonas – Vamos mandar uma mensagem para os abduzidos da noite passada pedindo para que os que dormiram de pijamas listrados compareçam à sede da FEO.

– Marcarei para a noite. Parece que tem abduzidos no nordeste, em Minas...

Às 18 horas, três pessoas estavam reunidas conosco, inclusive o advogado Paulo Souza. William perguntava, impaciente:

– Como? Ninguém achou nada? Vocês vasculharam bem os bolsos?

Os três abduzidos balançaram a cabeça concordando e continuaram mudos, olhando para William.

– Bem, gostaria que vocês descrevessem seus passos de hoje pela manhã.

Eles contaram suas histórias sem nenhuma novidade. Todos haviam trazido seus pijamas conforme orientado; ninguém havia achado nada. William, decepcionadíssimo, dispensou as pessoas, e fomos para nossas casas.

Fernando acompanhou Daniela até o apartamento dos Carptners e achou que seria uma oportunidade e tanto para declarar suas intenções:

– Dani, eu sei que os sentimentos são visíveis em minha aura, e percebo que estou sendo correspondido. Porém, vejo também uma pequena mancha no seu *chakra* do coração. Que mancha é essa, querida? O que significa? Não quer se abrir comigo?

Daniela respondeu, tentando controlar o nervosismo:

– Nossa, quantas perguntas! Não sei se estou preparada para falar sobre isso. Essa mancha está relacionada com uma pessoa com quem eu ainda devo acertar algumas dívidas morais adquiridas na encarnação passada.

– Ele está encarnado?

– Sim, mora em Juiz de Fora, nós temos um caso.

– Mas você não está feliz, caso contrário, não haveria essa manchinha aqui – Fernando encostou o dedo no coração de Daniela, e a energia produzida pelo toque estremeceu ambos. Fernando não resistiu e, puxando-a de encontro a seu corpo, beijou-lhe os lábios.

– Por favor, Fernando. – ela afastou-se delicadamente dos braços dele – Duas almas afins podem levar anos para se entenderem, não me deixe confusa. Não quero e nem posso assumir nada com alguém agora.

Fernando puxou-a novamente, acariciando seus cabelos. Dani exclamou, contrariada:

– Parece que não escutou nada do que falei.

– E não escutei mesmo. – respondeu Nando, beijando os lábios de Daniela ardentemente, enquanto a conduzia para o interior do apartamento.

Às 15h30min do dia seguinte, todos os membros da comissão receberam uma mensagem de William, pedindo o comparecimento urgente no escritório central da FEO.

– Isso só pode significar uma coisa! – exclamei, animada – Acharam o *chip*!

Levantei apressada da cadeira, tropeçando em Perlo e caindo de bruços em cima de Marcos, que estava sentado no sofá.

Marcos sorriu e me abraçou.

– Adoro quando você tropeça e cai em cima de mim.

– Preciso ir, só pode ser o *chip*! – repeti, enquanto me recompunha. Coloquei meu computador de pulso e saí, ainda escutando os risos de Marcos e os latidos de Perlo.

Quando cheguei, William e Jonas manuseavam um *chip*. Tive certeza de que era o *chip* dos ET's, pelos pontos energéticos que visualizei em suas auras. William virou-se assim que me viu entrar.

– Olhe isso, Clara! Estava com aquele advogado baixinho, o tal Paulo Souza, de Belo Horizonte. Sua mãe havia guardado.

– E o que estão esperando para colocá-lo no computador?

– Estamos comparando-o com os nossos *chips*. – elucidou Jonas – Parece que a tecnologia deles em nanocomputadores[*] definição de pé de pg é igual à nossa.

– Ande logo com isso. – falei, ansiosa – Vamos ver se funciona!

Lena, Thiago e Márcia entraram na sala e, entendendo o que estava acontecendo, encaminharam-se em silêncio para suas cadeiras, enquanto William introduzia o *chip*.

No PH, apareceram imagens do nosso planeta mostrando os campos, as florestas e as cidades. As imagens possuíam textos, as letras eram engraçadas, as palavras, curtas e misteriosas. O restante da comissão já havia chegado, e todos emitiram exclamações de surpresa e contentamento ao verem projetado o título com a tradução entre parênteses:

+\"" #oo <>~ *:::oo ""= (Dicionário Artisiano Línguas Terráqueas)

Márcia e Thiago levantaram se abraçando, enquanto William e Jonas instalavam um programa de tradução, copiando os dados.

– Era tudo que precisávamos – falei, emocionada – entender a língua deles!

Após alguns minutos, William falou:

– Isolamos um alfabeto de dezenove letras e, com a ajuda do programa elaborado por Jonas, conseguimos traduzir alguma coisa.

O *chip* continha inúmeras informações sobre os hábitos terrestres, além da história do planeta e de dados completos sobre fatos religiosos, culturais e socioeconômicos da humanidade.

– Eles conhecem tudo sobre nós... – afirmou Fernando, pensativo.

– As informações do *chip* esclarecem muito pouco. – lamentei, frustrada.

– Não seja pessimista, Clara! – repreendeu Lena – descobrimos a linguagem deles!

– E também que o planeta de onde vieram se chama Artísia. – completou Márcia.

– Esperem! Vejam! Tem mais alguma coisa aqui. – disse William.

"Critério de seleção para a escolha de almas" – Traduziu Jonas, com a ajuda do computador.

– Continue. – insistiu Lena.

Jonas foi lendo as instruções, traduzindo com dificuldade:

"Os terráqueos selecionados deverão ter o caráter perfeito. Nada de muitos *karmas* a cumprir. Deverão já ter encarnado várias vezes como humanos no planeta Terra e ter entre vinte e oitenta anos."

Jonas respirou fundo e continuou:

"Começaremos pelo Brasil e, aos poucos, vamos abduzir as almas mais evoluídas do planeta. Almas em estágios de evolução menos adiantados poderão ser sugadas e estocadas. As demais serão descartadas e se perderão no universo com a destruição da Terra."

Estávamos muito assustados. Um silêncio carregado de preocupação e medo caiu sobre nós. Lena Lion foi a primeira a se manifestar:

– Eles têm a intenção de nos destruir. Precisamos descobrir logo que energia é essa, citada nas previsões, que salvará a humanidade.

– O que será que fazem com as almas aprisionadas? – perguntou Carptner, parecendo não ter ouvido as palavras de Lena – Onde estará Elisa agora?

8

A Nave

Elisa abriu os olhos e observou à sua volta. Estava em um pequeno quarto confortável e bem-decorado. Fechou novamente os olhos e experimentou uma sensação de paz muito grande. Era incrível que todo aquele mal-estar, que vinha sofrendo ultimamente, houvesse desaparecido. Sabia que havia feito a passagem, mas não se lembrava de ter visto a luz ou o túnel. Onde estariam seus parentes que deveriam recebê-la? Devia estar em outra dimensão...

– *"Será aqui o Nosso Lar?"* – pensou, curiosa.

Respirou fundo algumas vezes e resolveu se levantar. Ao sentar-se, sentiu-se um pouco tonta. Colocou as mãos sobre os joelhos, e um frio subiu-lhe pelo estômago. Abaixou a cabeça e olhou suas pernas.

– *"Mas estas não são minhas pernas!"* – Tocou seu rosto... Seus olhos estavam enormes.

Levantou-se à procura de um espelho e quase desmaiou ao ver sua imagem refletida na porta metálica. Voltou para a cama atordoada, não podia acreditar! Sua aparência era a de uma ET fêmea! Os olhos grandes e redondos, a pele grossa, sem pelos...

Não sabia o que pensar. Sua alma estava aprisionada em um corpo desconhecido, de uma extraterrestre!!!

Prestou mais atenção no quarto. Havia apenas uma cama de solteiro com um edredom e várias almofadas. O compartimento não tinha janelas.

Continuou observando tudo. Encontrou um pequeno computador. Projetou uma tela e leu: Dicionário Artisiano – Português.

"Acho que eles querem que eu aprenda a língua deles."

Havia um banheiro anexo ao quarto que possuía uma piscina com instruções em português:

"Você precisa ficar pelo menos uma hora por dia totalmente submersa, *para hidratar sua pele. Não tenha medo, você consegue respirar debaixo d'água.*

Seu novo corpo lhe oferece inúmeras vantagens em relação ao terrestre. Teste sua agilidade e verá que se sente muito mais leve e saudável.

Terá uma criada à sua disposição e poderá chamá-la à hora que quiser. Seu nome é PEGGY, *e ela lhe proporcionará alimentação e cuidados."*

Elisa sentou-se e chorou baixinho, enquanto pensava em um jeito de escapar daquela nave e daquele corpo.

Na Terra, mais dez dias se passaram, mais três pessoas morreram. Nós, da comissão, continuávamos estudando o conteúdo do *chip* dos ET's, aprendendo melhor a língua deles. Era fundamental que todos soubessem ler com fluência o artisiano.

Fernando foi abduzido, mas não descobriu nada de diferente. Não conseguiu filmar os cilindros, porque a microcâmara se desprendeu de seu dente durante a noite. Ao acordar, ligou para Daniela. Ela e Nando estavam fazendo um mês de namoro, e este convidou-a para almoçarem juntos. Estavam apaixonados. Dani, menos romântica e mais sensata, sabia que os corações, muitas vezes, pregam peças. Estava muito feliz com Fernando, mas ainda não sentia segurança para assumir algo mais sério. Fernando ligou também para sua irmã Clara, marcando uma consulta.

Recebi a notícia da segunda abdução de Nando com tristeza. Em apenas alguns meses, ele poderia estar morto, e sua alma, perdida, sabe-se lá onde. Controlei-me para afastar os pensamentos negativos. Aprendemos desde pequenos a controlar a negatividade. Sabemos que a força do que pensamos gera uma quantidade de energia, podendo ser responsável por atração vibratória similar, acentuando ou amenizando fatos. Nossos pensamentos são os responsáveis pelos nossos atos, por isso, devemos sempre lapidá-los, estimulando a produção de energia benéfica. Mas como ser otimista nesse caso? Pessoas morrem quase todos os dias, a situação é cada vez mais grave e misteriosa. A Terra corre o risco de ser destruída, é difícil não se entristecer...

Na nave, em seu quarto, Elisa passava seu tempo estudando artisiano. Sentia-se realmente muito mais ágil e divertia-se respirando debaixo d'água.

Três vezes por dia, Peggy vinha trazer-lhe comida. Os alimentos eram os mesmos da crosta, de muito bom gosto, variedade e requinte. Já no primeiro dia, Elisa constatou que Peggy não possuía aura e era fisicamente idêntica a ela.

"*Nenhuma energia emana deste corpo de ET. Será que é um robô?*", pensava Elisa.

Peggy também não gostava de conversas, mantinha-se na maior parte do tempo calada e respondia às perguntas de Elisa com simples balançar de cabeça. Elisa chegou a pensar que ela fosse muda, mas um dia ela avisou, em português, que era para Elisa se preparar, pois ia receber uma visita muito importante.

– Quem? – perguntou Elisa, apreensiva.

– Espere e verá – respondeu Peggy, saindo, apressada.

No dia seguinte, foi uma surpresa ver Peggy entrando no quarto, acompanhada por outra ET fêmea. Elisa já esperava uma visita, mas assombrou-se ao perceber que essa nova ET, apesar de fisicamente idêntica, possuía uma aura com cores fortes, demonstrando personalidade dominante.

– Bom dia, Elisa! Meu nome é Adma. – o português da ET era fluente, apesar de um leve sotaque sibilante.

Elisa levantou-se, olhou Adma de frente e disse:

– Até que enfim um alienígena que mostra sua aura! O que querem de nós? O que é isso? Apenas você é real?

– Calma, criança, não se desespere com tantas perguntas. Por enquanto, responderei apenas a primeira: queremos o seu bem.

– Então vocês me matam, sequestram minha alma, prendem-me neste quarto e neste corpo e só querem o meu bem! Pode tentar outra desculpa.

– Estou aqui para protegê-la, *baby*, garanto que nada de mal vai lhe acontecer.

Elisa olhou bem para a ET que dizia se chamar Adma e, fitando-a, respondeu:

– Quero sair deste corpo que não é o meu, quero voltar a encarnar como ser humano e viver no meu planeta, quero voltar para perto de minha família e de meus amigos.

– Sinto muito, fofa, mas agora não vai ser possível. Tenha paciência e verá novamente seus entes queridos, sim? Aqui você tem tudo que precisa e perceberá que esse seu novo corpo é bem melhor que o antigo; agradecerá a Deus pelo seu novo corpinho, lindinha.

– Quem é você para falar em Deus? – explodiu Elisa – Está causando sofrimento e angústia para minha raça. Uma pessoa capaz de gerar sentimentos tão ruins está muito longe do Amor Divino!

Elisa sentindo-se descontrolada, sentou-se na cama e começou a chorar. Adma aproximou-se e colocou as mãos na cabeça de Elisa, que se afastou bruscamente, rejeitando o contato.

– Não precisa ficar assim, meu bem. Não a tocarei se não quiser. Quero apenas que pare de chorar e preste atenção no que vou dizer.

Elisa se sentia dominada pela força daquela alienígena. Continuou quieta e cabisbaixa, controlando o ódio, um sentimento muito recente para ela.

Sem se importar com as dúvidas e as angústias de Elisa, Adma continuou:

– Artísia era um planeta muito melhor que a Terra. Foi destruída, mas fundaremos um planeta similar, com outro povo e outro Emissário de Deus.* Você vai gostar de lá. Iremos para o planeta Dipson e o transformaremos em uma nova Artísia! Mas para isso, precisamos de almas para formar uma nova população. Não temos tempo para esperar a evolução natural das coisas.

– Mas eu não quero ir, quero ficar junto dos meus...

– Você irá junto dos seus, veja bem, eles também irão. Levaremos milhões de almas, boneca. E rapidinho, vocês esquecerão esse planeta chulezinho que é a Terra.

Adma saiu do quarto, seguida de Peggy. Elisa estava pasma e não tinha ânimo para levantar-se; algumas lágrimas ainda insistiam em aparecer em seus olhos.

"Preciso sair daqui.", pensou.

9

O Planeta Artísia

William, Thiago e eu tomamos a pílula Z6 às 22 horas.

William, Thiago e eu fomos abduzidos naquela noite.

Encontramo-nos no compartimento escuro da nave.

– Clara! Venha cá! – falou William, baixinho.

Olhei assustada ao escutar a voz de William.

– Você está aqui! Estamos juntos na nave! Oh! Você está nu!

– Você também, e o que tem de mais nisso? Já fomos à praia juntos. Olhe, lá está Thiago!

– Clara! William! Que surpresa! – exclamou Thiago, animado.

– Fale baixo! – repreendeu William – Eles podem ter escutas.

Sem saber direito o que fazer, comecei a dar ordens:

– William, filme aqueles cilindros; Thiago, tateie as paredes procurando câmaras ou escutas. Vou olhar aquele armário.

Decepcionei-me ao ver que no armário só havia os pijamas dos abduzidos. Ainda mexia nos pijamas quando vi Thiago fazendo sinais frenéticos com os braços. Segurei William pela mão. Andamos juntos por cima dos corpos adormecidos até nos aproximamos de Thiago o suficiente para ver uma pequena gaveta projetando-se de uma das paredes do compartimento, onde havia dois *chip*s.

– Não sei o que aconteceu. – falou Thiago, ofegante – Eu estava tateando a parede como Clara mandou e, de repente, esta gavetinha se abriu. Levei um baita susto.

– Vamos pegar estes *chips*! – exclamei, empolgada.

– Mas como iremos levá-los? Não temos como prendê-los em nossos dentes, e não sei se deveríamos arriscar com a história do pijama de novo.

– No bolso do meu pijama. – falei – Eu sei onde ele está!

Corremos até o armário com os dois *chips* nas mãos. Guardei-os, distribuindo um em cada bolso. Já escutávamos as vozes dos ET's que se aproximavam.

– Corram! Eles estão chegando! – avisou William.

Voltamos à posição de abduzidos adormecidos, e senti um arrepio quando vieram para me vestir e borrifar meu corpo com um líquido quente e viscoso.

No dia seguinte, a comissão estava reunida e com os dois *chips*, que revelaram verdades assustadoras sobre os extraterrestres.

No primeiro, constava um projeto de clonagem. Descrevia os passos científicos para se conseguir um clone perfeito. O método usado por eles era muito parecido com o nosso.

A clonagem humana e de animais na Terra estava proibida há mais de cinquenta anos. Os clones nasciam fracos, envelheciam rápido e morriam logo, pois não tinham alma, não tinham sentimentos.

– Meu Deus! – exclamou Lena Lion – Será que eles querem as nossas almas para colocar nos clones deles?

– É possível. – respondeu William.

Jonas não se convenceu:

– Isso é tenebroso, como conseguem que nossas almas encarnem em seus clones? É quase inacreditável.

– Estou com Lena Lion. – interrompeu Fernando – Acredito que tenham essa tecnologia. O projeto de clonagem é muito bem-detalhado, parece que eles andam fabricando clones deles mesmos, e como os clones não têm alma, estão atrás de almas para preencher seus corpos.

– Assustador... – balbuciou Márcia.

– Vamos continuar.– sugeriu Jonas – Temos mais informações nos chips.

A imagem de uma grande cidade apareceu no espaço para projeção de holograma (PH).

– Que lugar lindo! – exclamei – Cheio de lagos!

– Deve ser Artísia, o planeta deles! – falou Daniela – Vejam, uma organização exemplar!

– Que imagens são essas agora? Parecem meteoros.

– São feitas por satélites. – respondeu William.

– Maximize esses fragmentos, Jonas – pedi, cautelosa.

Jonas maximizou um meteoro, e abaixo apareceu um texto, que Jonas copiou e mandou para a tradução. Logo em seguida, o computador deu a resposta, decifrando o conteúdo da escrita:

"Fragmentos do planeta Artísia após o choque com um meteoro gigante."

"Com três satélites, Artísia fazia parte de um sistema solar com outros nove planetas não habitados.

Possuía 12 bilhões de habitantes em suas dimensões e uma grande diversidade animal e vegetal que oferecia condições para que o ciclo de vida se completasse.

Hoje, após o acidente sideral, restaram apenas minha esposa Adma e eu, que só nos salvamos porque estávamos na grande nave, em viagem espacial. Quando retornamos, encontramos apenas os fragmentos de Artísia. Assinado: Otto."

Logo em seguida, havia a descrição de um projeto para a reconstrução de Artísia. O planeta escolhido chamava-se Dipson. As almas dos habitantes de Artísia e seu Emissário de Deus tinham se dissipado pelo espaço durante a explosão causada pelo choque com um meteoro e vagavam pelo espaço, à procura de um planeta em que pudessem reencarnar e continuar o ciclo da vida. Seria muito difícil o resgate das almas de Artísia. O Emissário artisiano de Deus já deveria estar muito longe. Por certo, vagará por dezenas de anos até encontrar um novo planeta onde recomeçar a evolução de suas almas. Não adiantaria procurarem por Ele. Dipson tinha a atmosfera perfeita! Apesar de seu Emissário de Deus ser iniciante e ainda estar desenvolvendo protozoários, era um planeta agradável, ideal para o projeto de Otto. Precisavam habitar Dipson. Como Adma não podia ter filhos, resolveram se clonar. Seria necessário que se clonassem milhares de vezes, a fim de levar muita energia para que o Emissário do planeta Dipson tivesse força suficiente para gerar o milagre da vida inteligente, evoluída por meio de estágios minerais, vegetais e animais. Para isso, necessitavam de milhões de almas que habitassem os corpos de seus clones, mantendo-os vivos e fortalecendo a energia de Dipson, acelerando a evolução dos tempos.

William empertigou-se na cadeira ao afirmar:

– Matamos a charada!

– Continue, Jonas. – reclamou Daniela, impaciente – Temos o outro *chip* para ver.

Jonas introduziu o segundo *chip*, que continha informações anatômicas, geográficas, de sistemas de agricultura e outros dados variados sobre nós, seres humanos.

Havia também instruções sobre o funcionamento do cinto preto usados pelos clones-ET's.

– Ainda vamos ter um desses... – falei, em tom sonhador.

– Parece que o cinto funciona como a memória substituta dos clones-ET's, já que, eles, nascem desmemoriados. Os cintos contêm informações básicas, indispensáveis para que trabalhem na nave, e à medida que um *chip* é introduzido no cinto, ele passa a ser a memória do clone que o estiver usando. É também o cinto que os faz flutuarem para qualquer lugar.

De repente, todos deram um grito de empolgação. O mapa da nave e de seus compartimentos aparecia no espaço de projeção.

— Sensacional! Fantástico! – exclamou Thiago – Com o mapa da nave, será mais fácil nos orientarmos. Temos de decorar essas informações! Temos de ter esse mapa em nossa memória.

— Vamos para nossas casas –disse William – para "digerir" as novidades. Estudem o mapa. Voltaremos a nos reunir amanhã.

Na nave, Otto e Adma estavam preocupados; dois *chip*s haviam desaparecido de seus arquivos.

— Clones imbecis! – bradou Otto, irritado – Esqueceram-se de ligar o circuito interno de TV!

— Mas eles não têm memória – disse Adma, tentando acalmar Otto – Como iriam se lembrar?

— Não interessa! Quero os circuitos ligados durante vinte e quatro horas!

— Você mesmo os desligou para economizar energia. – lembrou Adma.

— Era só por alguns dias. Você devia ter se lembrado disso e me avisado.

— Não tente jogar a culpa em mim, Otto. E além do mais, esses *chip*s devem estar arquivados errado, ou algum clone os pegou e se esqueceu de recolocá-los no lugar. Eles vão aparecer.

— Que falta faz uma alma! – lamentou Otto – Sem os *chip*s no cinto para dar-lhes informações, esses clones não servem para nada! Tem certeza de que todas as almas terráqueas encarnadas em clones estão bem-trancadas?

— Sim – respondeu Adma, com voz tranquila – não se preocupe. As almas terráqueas ainda estão revoltadas, o que é natural, mas estão quietinhas e, com o tempo, acabarão esquecendo suas vidas na Terra.

– Então mande um desses clones idiotas ligar os circuitos. Se sumir mais um *chip*, saberemos quem foi.

No dia seguinte, a reunião da FEO começou cedo. Fernando e Daniela chegaram de mãos dadas.

– Resolveram assumir? – perguntou Jonas – Parece que essa comissão está mais para agência matrimonial do que para estudos de alienígenas. Onde estão Márcia e Thiago? Devem estar na cama até agora!

– Acertou em cheio!– falou Thiago, que entrava na sala, acompanhado de Márcia, ambos com os cabelos molhados – Vocês notaram que, mesmo eu sendo irmão gêmeo de Jonas, pareço mais novo?

Márcia, Daniela e eu concordamos prontamente. Márcia ainda acrescentou:

– Deve ser em função do humor. Os bem-humorados parecem mais jovens.

Jonas resmungou qualquer coisa, e William tomou a palavra:

– Gostaria de agradecer a presença de João Carlos Carptner, que parece um pouco melhor e, dentro do possível vai voltar a participar das reuniões.

– Pode ser que esta seja a última reunião de que participo. Não sei por que estou demorando tanto a morrer. Abduzidos mais recentes do que eu já se foram.

– Não fale assim, tio. – pediu Daniela – Cada minuto ao seu lado é importante para nós.

– Vocês não entendem! Olhem para mim, pareço um morto-vivo. Com a abdução de Thiago, só aqui nesta sala temos mais cinco abduzidos. Daqui a alguns meses, todos vocês estarão como eu, mal conseguindo manter-se em pé. Sei que, segundo as profecias, existe uma "energia salvadora", mas não seria mais fácil matarmos Otto e Adma? Os clones dos dois, sem almas, seriam apenas matéria física e morreriam logo.

— Mas como chegaremos até eles? – indaguei.

Jonas interrompeu-me:

— Onde está o *chip* que contém informações anatômicas? Vejam! Achei! Um quadro de anatomia comparativa. É exatamente como pensei!

— O que foi, Jonas? – perguntou Lena.

— Eles são como nós – respondeu, animado – têm pulmões, coração, fígado, rins...

— E daí? Desculpe, Jonas – falou Márcia, encabulada – não estou entendendo...

Foi William quem percebeu primeiro e respondeu:

— Se eles possuem os mesmos órgãos, possuem também as mesmas glândulas hormonais e, portanto, os mesmos *chakras*.

— O que pode nos matar, pode também matá-los. – completou Jonas – Se eles nos sugam, poderemos também sugá-los. Nossa circulação energética é igual.

— Portanto, o que precisamos agora é de uma cama sugadora para revertermos o processo em quem ainda não morreu! – exclamei.

— Ótimo – ironizou Jonas – mande um ET *boy* da nave entregar uma cama sugadora em sua casa junto com o cinto preto. E não se esqueça de trazer os dois artefatos na próxima reunião – Jonas soltou uma gargalhada. Ninguém mais riu...

— Deixando as brincadeiras de lado – falou Lena – é bom saber que nossos inimigos são iguais a nós e são dois, enquanto nós somos bilhões.

— Devemos concentrar nossos pensamentos em uma forma de tirar Elisa e os outros abduzidos da nave. – disse William, mostrando sinais de preocupação.

– Precisamos parar de sonhar – criticou Jonas – não existe o acesso dos abduzidos a outras partes da nave. Como traríamos nossos mortos de volta?

Fitei Jonas e respondi, lacônica:

– O fato de ainda não sabermos quais serão as nossas atitudes não as inviabilizam nem as transformam em sonho.

William interveio, mudando de assunto:

– Será que eles perceberam o sumiço dos *chips*?

– Provavelmente... – arriscou Thiago. Não entendi o escluído

– Não sei o que faremos, mas precisamos matá-los. – insistiu Carptner.

– Quem sabe – disse Thiago – essa tal "energia salvadora" irá matar os ET's.

– Como a criptonita que destrói o super-homem? – perguntou Jonas – acho que os ET's seriam mais originais, afinal, o super-homem está com mais de cem anos!

Dei-me conta do avançado da hora e lembrei aos presentes que já era hora de encerrar a reunião. William deixou claras as recomendações em suas últimas palavras:

– Temos de conseguir mais informações, precisamos pôr as mãos no projeto da cama sugadora. Thiago acha que se encostou em algum sensor e, por isso, a gaveta se abriu. Portanto, se estiverem na nave, tateiem toda a parede e, se alguma gaveta abrir, peguem os *chips* e guardem nos bolsos, de preferência, nos dos pijamas de vocês mesmos; se não, guardem uma característica do pijama utilizado.

À noite, Daniela comentou com Fernando que eles precisariam acordar bem cedo no dia seguinte, para irem juntos à universidade. Por isso, ia se recolher. Fernando acompanhou-a, e os dois adormeceram abraçados.

Após algumas horas, Daniela se deu conta de que estava sendo abduzida. Na nave, correu tudo como de costume. Quando se viu sozinha na sala escura, levantou-se e foi tatear a parede à procura da gaveta com mais *chips*. De repente, as luzes se acenderam. Dani olhou à sua volta e viu vários extraterrestres. Tentou correr, mas era tarde demais; três ET's pularam para cima dela e seguraram-na com força. Um deles mexeu no cinto e começou a falar em português:

– O que está fazendo, humana idiota? Iggy! Flau! – gritou, dirigindo-se aos outros dois ET's – Chamem Otto e Adma, digam que é uma emergência, existe um ser humano acordado na nave! Vou levá-la para o quarto AZW676, me encontrem lá. O ET saiu arrastando Daniela, enquanto os outros dois foram em direção contrária.

– O QUÊ??? – gritou Otto, furioso – Uma humana acordada na nave? Onde está Adma?

Otto olhou para os ET's-clones e gritou ainda mais:

– Vão chamá-la, seus imbecis! Avisem-na para me encontrar no quarto AZW676. Quero ver essa humana de perto.

Otto e Adma chegaram juntos ao quarto e encontraram Daniela encolhida em um canto, com a aura amarela de medo.

– O que estava fazendo??? – gritou Otto com Daniela, que se encolheu ainda mais – Não vai responder? Pois ficará aí, até que resolva falar.

– Você está assustando a garota. – falou Adma, reprimindo o marido – Até mesmo um clone é capaz de perceber que a mocinha está apavorada.

Virou-se para Daniela e continuou:

– Não se assuste, fofa. Otto é um grosso. Você aceita alguma coisa para beber? Um café? Uma água? Não quer responder? Não precisa falar nada agora, está bom? Descanse um pouco.

– Eu não sei de nada... – balbuciou Daniela.

Adma aproximou-se de Otto e cochichou em seu ouvido:

— Viu como se lida com os humanos? Eles são do contra; se você os manda falar, eles ficam quietos; aí, a gente manda ficarem quietos, e eles começam a falar. São todos iguais!

E voltando-se para Daniela, prosseguiu:

— Calma, *baby*, queremos apenas saber por que você não estava dormindo como os outros.

— Como vou saber? Vocês é que deveriam saber disso, vocês é que me abduziram!

— Ela tem razão, Otto, devemos estar com algum problema na anestesia, é melhor checar o lote.

— No mínimo, algum clone imbecil errou na preparação do medicamento.

— E agora, Otto? O que faremos com essa humana?

— Vai ficar trancada aqui até que resolva falar. Quero saber se foi ela quem roubou os *chip*s e o que fez com eles.

Adma e Otto saíram do quarto de Dani e foram para sua suíte.

— Venha, meu rei, vamos nos embolar um pouco. – falou Adma, dengosa.

— Não é hora, Adma. Se foram os humanos que roubaram os *chip*s, eles tiveram acesso ao dicionário e já conhecem nossa língua, sabem de nossas intenções.

— E daí? Esquece isso, os humanos não têm como lutar contra nossos conhecimentos de tecnologia da aura. Venha, vamos acasalar!

— Acha que poderia haver seres humanos resistentes ao nosso anestésico?

— Pouco provável, querido. Resistente, aqui, só você, que não quer me dar atenção. – reclamou Adma, fazendo um biquinho esquisito.

— Ainda estamos muito longe de nossos objetivos, Adma. Levaremos pelo menos mais três anos até que consigamos sugar 1 milhão de almas. Mesmo trabalhando em progressão geométrica, as coisas caminham devagar...

– Olha, eu desisto, Otto. Devagar mesmo é você, que mudou muito nos últimos vinte anos, acho que perdeu o interesse por mim...

– Não fale bobagens, Adma, daqui a pouco vai querer discutir o relacionamento! Você está cansada de saber que eu a amo e que você é a única artisiana verdadeira. Todas as outras são clones e não têm a mínima graça!

– Então venha cá, meu rei, vamos nos embolar...

– Tudo bem, mas o que faremos com a humana? Acha que devemos matá-la?

– Não, de jeito nenhum; se a matarmos, seu espírito voltará para a esfera terrestre. Ela ainda não foi sugada o suficiente para que sua alma permaneça na nave. Abduzidos em outras dimensões da Terra, sem corpo físico, podem nos atrapalhar.

– Você sempre tem razão, minha querida. – falou Otto enquanto se virava para cima de Adma, segurando-a de uma forma muito estranha.

Fernando chegou à casa de Clara, apavorado.

– Clara, acorde! Daniela desapareceu!

Esperei Nando parar de sacudir meus ombros e respondi, ainda tonta de sono:

– Como assim?

– Dormimos juntos ontem, e hoje de manhã, a cama estava vazia, a Dani sumiu!

– Ela deve ter saído cedo e não quis incomodar...

Nando pegou Estrelinha no colo e começou a andar de um lado para o outro.

– Mas não foi isso que combinamos. Iríamos para a universidade juntos hoje cedo. E no mais, suas roupas e seu computador de pulso continuam no lugar. Ela sumiu de camisola!

– Será que foi abduzida e não voltou?

– É disso que tenho medo, ela pode ter sido capturada...

– Já ligou para o tio dela?

– Liguei para Carptner, deixei uma mensagem, mas ele ainda não retornou.

– Carptner pode ter passado mal, e ela, ter saído às pressas para ajudá-lo. Vamos ligar para o hospital.

Peguei o computador e pedi para entrar em contato com a portaria do hospital. Conversei rapidamente com a atendente e fui informada de que Carptner estava sendo internado naquele momento, mas quem o acompanhava era o Dr. William Oliveira. A Srta. Daniela Carptner não estava presente.

– Nando, vamos para o hospital, estou com muito medo de que Dani tenha sido capturada. Parece que não há outra explicação para o seu desaparecimento; mas precisamos ver Carptner. Conversaremos no caminho.

Parte da comissão se encontrava no saguão do hospital, e Fernando mostrava-se indignado:

– Eles a pegaram! Vou acabar com a raça desses extraterrestres!

– Todos nós gostaríamos de acabar com eles. – concordou William, inconformado – eles levaram Elisa, Daniela, e agora, meu grande amigo Carptner está morrendo...

– Mas Dani não está morta! – reclamou Fernando.

– Vou até a UTI saber notícias de Carptner. – falei – Esperem-me aqui na portaria.

Cheguei ao quarto de Carptner e fiquei impressionada com o que vi: uma figura esquelética e trêmula jazia sobre o leito e não se mexeu, nem ao sentir minha presença; porém, piscou os olhos e fez um leve sinal com a cabeça, pedindo que me aproximasse. Coloquei minhas mãos sobre as suas, e ele olhou direto em meus olhos, falando com dificuldade:

– Fui abduzido esta noite e vi Daniela sendo capturada.

Carptner respirou fundo e continuou:

– Não tive forças para levantar-me e tentar salvá-la. – lágrimas brotaram em seus olhos.

– Não se esforce mais. – falei, comovida.

– Não consegui salvar minha mulher, nem minha sobrinha. Agora, estou morrendo e não sei o que vai acontecer com minha alma.

– Resgataremos vocês e traremos suas almas de volta, vocês voltarão a renascer neste planeta. Confie em nós.

– Eu confio, Clara.

Carptner fechou os olhos, e sua cabeça pendeu para o lado. O aparelho parou de dar sinal, e eu chamei os médicos. Não adiantava mais: João Carlos Carptner havia morrido, e misteriosamente, sua aura ainda pairava sobre seu corpo, de forma estática. Voltei para o saguão para dar a triste notícia. Assim que entrei, Lena Lion veio ao meu encontro.

– Como ele está?

– Acaba de falecer.

– Oh! Isso é terrível! Vamos falar com os outros.

– Ele me contou, antes de morrer, que viu Daniela ser capturada na nave.

– Meu Deus! Então ela está mesmo lá?

– Sim, os extraterrestres devem ter dado falta dos *chip*s e redobrado a vigilância.

– Que ingenuidade a nossa deixarmos isto acontecer. É lógico que dariam falta dos *chip*s; não podemos mais arriscar, permitindo que os abduzidos se mexam na nave.

William e Nando conversavam baixinho perto de uma janela. Assim que me viu, Fernando veio falar comigo:

– Pela cor de sua aura, sei que traz más notícias.

– Carptner morreu.

– Já esperávamos por isso. – falou William, cabisbaixo.

– Lena – chamei – avise-os sobre Daniela. Vou comunicar a morte de João Carlos para o restante da comissão.

Depois do enterro de Carptner, a comissão voltou a se reunir, mas dessa vez, com a presença da presidente do planeta, Rose Devaux, que ouvia a história dos *chips* em silêncio, enquanto emitia pontos escuros em sua aura.

– A humanidade precisa saber disso – concluiu Rose – Omitiremos as informações sobre o antídoto Z6 e contaremos o resto. Lançaremos a manchete:

"ANESTESIA DOS ET'S FALHA E ALGUNS HUMANOS FICAM ACORDADOS NA NAVE."

– Com isso confundiremos os extraterrestres e protegeremos o antídoto Z6.

– Excelente – concordou William – divulgar os *chips* pode ajudar a proteger o antídoto Z6. Direcionaremos a atenção deles para a falha na anestesia e para a descoberta de seus planos.

Thiago, com feições de extrema preocupação, indagou, ansioso:

– E Daniela? Se continuarmos a nos movimentar na nave, seremos capturados também.

Lena aconselhou com sensatez:

– Será melhor que os abduzidos, mesmo acordados, continuem imóveis. Lembrem-se, a inatividade é a outra face da ação.

William balançou a cabeça concordando e completou:

– Chegou a hora de recuarmos para pensarmos melhor em nossas estratégias. Descobrimos muitas coisas com os *chips*. Ontem, ficamos tão assustados que me esqueci de mostrar os filmes que fiz das etiquetas dos cilindros, que ficam empilhados em um canto da nave. Já entrei em contato com as unidades médicas que atendem abduzidos, e os nomes das etiquetas conferem com os das pessoas que vêm sofrendo a abdução. Parece que nesses cilindros é que ficam armazenadas as energias que eles roubam de nós.

– Então, se conseguirmos o projeto da cama sugadora, com esses cilindros poderemos reverter o processo.

– É bem provável... – William ia continuar a falar, mas foi interrompido pela presidente:

– Desculpem, mas tenho de decidir a melhor forma de conversar com a população. Temo pela reação das pessoas.

Foi Lena quem tranquilizou Rose:

– Você poderá divulgar todas as informações, excluindo a pílula Z6. Espere ao menos até amanhã para que ordene as ideias, leve as traduções dos *chip*s e estude-as com calma. Lembre-se: a população do planeta a ama e confia em você. O que falar será aceito por todos.

– Está certo. – respondeu a presidente, levantando-se de sua cadeira – Preciso ir agora, marcarei minha projeção no céu para amanhã bem cedo.

10

A Fuga

Peggy entrou no quarto de Elisa para servir o desjejum, composto por frutas terrestres, café, leite, sucos, pão, os mais variados tipos de queijo e pastas verdes deliciosas para comer com torradas. Logo em seguida, Adma também entrou no quarto:

— Bom dia, Elisa! Como está se sentindo?

— Péssima.

— Ora, ora, que mau humor, hein, linda? Vou projetar um filme sobre o meu antigo planeta Artísia. Você ficará encantada ao ver como era maravilhoso!

— O meu planeta Terra é maravilhoso. Ele ainda existe, e vocês, artisianos, querem destruí-lo.

— A Terra é muito atrasada comparada com Artísia.

— Não conheço seu planeta, Adma, mas pessoas como vocês, que pensam em destruir outros povos, não podem ser evoluídas.

— Mas não queremos destruir vocês! Ao contrário, salvaremos todas as almas perfeitas. As demais almas se perderão no espaço por algum tempo. Porém, acabarão sendo absorvidas por campos energéticos de outros planetas que tenham uma vibração similar e, nessas esferas, voltarão a seguir o ciclo da evolução do espírito a caminho da imagem de Deus, junto com seu emissário, que na Terra é Jesus, e em Artísia era Athus.

– Então isso também acontecerá com as almas perdidas de Artísia. – concluiu Elisa.

– Sim, claro! As almas são imortais e sempre vão precisar de um planeta e de um Emissário para evoluir. O que não falta, nesta e em outras galáxias, são planetas precisando de almas para habitá-los.

– Mas por que Otto e você não ficam na Terra? Quando morrerem, poderão encarnar e continuar evoluindo no nosso planeta.

– Deus que me livre de encarnar na Terra! – exclamou Adma – Vocês eram de expiação* até outro dia. Otto e eu queremos um planeta perfeito e, por isso, só nos interessam almas terráqueas em alto grau de evolução. Um planeta habitado somente por almas puras... Esses sim são planetas raros. Além do mais, não queremos perder nossas características físicas; vocês, humanos, têm o corpo muito frágil, são cheios de odores desagradáveis e emitem gases. Isso, para nós, é o fim!

– Artísia não tinha um Emissário de Deus?

– Claro, minha criança, um planeta não vive sem um Emissário de Deus, já lhe disse que o nosso se chamava Athus. Dentro de uma galáxia, as almas seguem um caminho evolutivo encarnando sucessivamente, procurando sempre alcançar a imagem de Deus para que possam se fundir a ele. Nosso Emissário de Deus saiu pelo espaço e irá encontrar outro planeta para continuar o seu próprio processo de fortalecimento energético. As almas são pedacinhos Dele que precisam se fortalecer até atingir a Sua imagem para virarem uma só energia. Athus já tinha ido embora quando Otto e eu voltamos da viagem espacial que nos salvou. Ele encontrará outro planeta para evoluir, e nossas almas conseguirão segui-lo. Mas para nós, infelizmente, agora é tarde demais. Não temos como encontrá-lo. Se Otto e eu morrermos, provavelmente encarnaremos em outro corpo, em um planeta que pode ser até de expiação, e seremos obrigados a conviver com almas animalescas.

– Vocês são loucos! Ficam vagando pelo espaço sem o Ser Superior para seguir e querem roubar o nosso.

– Calma lá, princesa. Não vamos roubar Jesus. Levaremos apenas uns pedacinhos Dele para o planeta Dipson. Lá já tem um Emissário, mas está muito fraquinho, pois está no início do processo de produção de energia. Nós vamos fortalecê-lo injetando energia na aura de Dipson. Aceleraremos o seu processo de evolução, dando oportunidade ao seu Emissário de conseguir gerar vidas mais inteligentes. Sem nossa ajuda, Dipson levaria bilhões de anos para atingir o nível de evolução de Artísia ou até mesmo o da Terra.

– Muito linda sua historinha, Adma, estou até comovida – falou Elisa, carregando a voz com ironia – mas mesmo assim eu prefiro morrer e continuar na esfera terrestre.

– É natural, querida, que pense assim; afinal, está passando por uma difícil fase de adaptação, em um novo corpo, para uma nova vida. Os seres humanos têm muito medo de mudar, de aceitar ideias que fogem ao seu padrão. Esta é a principal causa de atraso do desenvolvimento da Terra. Se vocês tivessem a mente mais aberta, teriam evoluído mais rápido.

– Mas eu não quero ir... – falou Elisa, baixinho.

Adma mudou bruscamente de assunto:

– Sua sobrinha, Daniela, está conosco.

Elisa descontrolou-se:

– Como assim? Dani morreu?

– Não, nós a capturamos, ela estava andando na nave durante a abdução.

– Oh, não! Por favor, Adma, deixe-me vê-la...

ABDUÇÃO – O MISTÉRIO DOS EXTRATERRESTRES | 117

– Ainda não é a hora. Otto e eu iremos à Terra para selecionar almas. Tenha paciência, não me ausentarei por mais de vinte e quatro horas. Assim que voltar, pensarei na possibilidade de vocês se encontrarem. Não se preocupe, ela está bem.

Adma saiu do quarto, seguida de Peggy, deixando Elisa pensativa. Pelo tempo que ela estava na nave, seu marido também já deveria ter morrido e reencarnado no corpo de um clone-ET. Precisava fugir e encontrá-lo. Aquela viagem do casal alienígena à Terra poderia lhe trazer vantagens.

– "Quando será que iriam?" – pensou – "*Com a ausência dos 'chefes', as coisas ficariam mais fáceis.*" – Elisa começou a arquitetar um plano.

Na Terra, o dia amanheceu com a imagem da presidente Rose Devaux projetada no céu.

Todos os habitantes acordaram cedo para assistir ao discurso anunciado na noite anterior.

Otto e Adma, disfarçados de seres humanos, estavam presentes entre a multidão que ocupava o jardim ao redor da praça de alimentação, à espera do pronunciamento. Um murmúrio, por todos os lados, indicava a ansiedade das pessoas, que se calaram quase simultaneamente quando a imagem da presidente surgiu no céu claro da manhã.

– Bom dia, irmãos. Desculpem-me interromper o descanso de vocês, fazendo-os me escutar tão cedo, mas realmente o assunto é muito importante: por uma falha na anestesia dos ET's, ou por alguma resistência adquirida pelo organismo de um abduzido, aconteceu o inesperado. Duas pessoas se mantiveram acordadas na nave. – Rose fez uma pausa, esperando que a multidão se acalmasse.

Otto comentou com Adma:

– Se soubéssemos que ela iria se projetar no céu, não precisaríamos ter vindo, assistiríamos da nave mesmo.

– Quero observar daqui as reações dos terráqueos com as revelações dos *chips* – respondeu Adma.

Rose prosseguiu:

– A primeira conseguiu roubar uns *chips* que nos revelaram coisas assustadoras. A segunda, infelizmente, não teve a mesma sorte. Acreditamos ter sido capturada, pois desapareceu após a abdução.

Rose notou que as pessoas estavam cada vez mais preocupadas, mas mesmo assim, encheu-se de compaixão e continuou:

– Em um dos *chips*, havia um dicionário português-artisiano, que é a língua deles, e com isso, foi possível traduzir o restante. Na realidade, só existem dois extraterrestres, um casal de nomes Otto e Adma. Os outros, que os abduzidos dizem ver quando chegam à nave, são clones destes dois. São clones frios e sem alma, como os fabricados aqui na Terra no século XXI. Otto e Adma têm a intenção de criar uma nova população de artisianos, em outro planeta distante, pois tiveram o deles destruído por um meteoro gigante. Mas, para isso, precisam de almas, que reencarnem em seus clones. Por isso vieram à Terra, para sugar nossas almas, nossas energias.

Rose olhou para a plateia perplexa e exclamou:

– É incrível, mas é esta a verdade: Os ET's SÃO LADRÕES DE ALMAS!

Otto e Adma se entreolharam, preocupados, enquanto assistiam à multidão se desesperando, entre choros e risos nervosos. Pessoas falavam e gritavam ao mesmo tempo.

– Por favor – pediu a presidente – façam silêncio, eu ainda não terminei. Juntos, criaremos forças para vencermos esses "monstros sugadores".

– Nunca fui tão ofendida... – choramingou Adma.

– Os abduzidos que já morreram não mais fazem parte da esfera terrestre. Não estão em Nosso Lar, nem em qualquer outra colônia espiritual; suas almas foram sequestradas. Temos de ter forças para salvá-las e trazê-las de volta. Precisamos nos unir e ter fé. Pela primeira vez em cinco anos, conseguimos informações reais sobre os extraterrestres.

— VAMOS DESTRUIR OTTO E ADMA! – gritou alguém da multidão, e começou novo rebuliço.

Rose achou que já havia passado informações demais e que seria a hora de encerrar o pronunciamento. Pediu que todos fossem para suas casas rezar e criar uma corrente de luz.

— Não se esqueçam de sempre desejar o bem. Os pensamentos criam as ações, e o bem, mais uma vez, vencerá o mal.

Na nave, Elisa fingia passar mal. Já falava bem o artisiano e gemia pedindo socorro nas duas línguas. Sabia que Peggy não seria capaz de perceber sua mentira, pois sendo um clone, não conseguiria enxergar sua aura. Elisa gritava e se contorcia na cama.

— Chamem Adma! Estou morrendo!

Peggy assistia à cena sem saber o que fazer.

— Mas Adma não está na nave, Srta. Elisa...

— "Como pensei." – Elisa tentou disfarçar o sorriso que ameaçou brotar em seu rosto.

— Então vai me deixar morrer e não vai fazer nada? Se não pode chamar Adma, chame outra pessoa, por favor, Peggy. – implorou – Se eu morrer, Adma vai ficar brava com você e poderá até descartá-la.

Elisa, em uma conversa anterior com Peggy, descobriu que os clones morriam de medo de ser descartados. Elisa não entendia bem o que significava "ser descartado", mas percebeu que tocara no ponto fraco e continuou:

— Adma me garantiu que aqui eu seria muito bem-tratada e que você seria responsável por mim.

Peggy começou a andar de um lado para o outro, enquanto Elisa se contorcia na cama, gemendo alto. Os clones tinham dificuldades de tomar decisões sozinhos; estavam acostumados a obedecer ordens, e Elisa sabia disso.

– Ande logo! Vá buscar ajuda! – ordenou Elisa, no tom mais firme que conseguiu emitir.

Peggy sentiu medo de ser descartada caso deixasse Elisa morrer. Sonhava em um dia ter sua própria alma, e caso a terráquea morresse, isso poderia não acontecer. Saiu correndo pela porta, esquecendo-se de fechá-la.

– Deu certo! – comemorou Elisa, falando baixinho. Levantando-se da cama, foi até a porta e olhou para fora. Estava muito escuro. Apertou as pálpebras, tentando melhorar a visão, e identificou um corredor com várias saídas.

– "*Parece um labirinto.*" – pensou, desanimada, sem saber para onde ir. Resolveu seguir sua intuição e entrou por uma passagem à direita. Andou sem rumo por alguns minutos, passando por várias portas. Tentou abrir algumas, mas estavam trancadas. Parou estática ao perceber que dois ET's machos a tinham visto e vinham em sua direção.

– O que faz aqui? – perguntou um deles.

Elisa ficou parada em silêncio, sem saber o que responder. Percebeu que eles não tinham auras e que, portanto seriam clones vazios, não a reconheceriam.

– Quem é você? Onde está seu cinto preto e seu crachá de identificação? – insistiu o outro.

– Sou Peggy – mentiu Elisa, que já dominava bem a língua artisiana – perdi meu crachá e meu cinto. Estou procurando-os.

– Mas aqui? – perguntou o ET, desconfiado – Na ala masculina? Vocês, fêmeas, não têm permissão para circularem por aqui. Volte para sua ala, Peggy, e trate de achar logo seu cinto, antes que Otto e Adma voltem da Terra.

Elisa deu meia-volta e andou um pouco. Quando os ET's sumiram de vista, retornou à ala masculina.

– "*João Carlos deve estar por aqui...*"

Tateava as paredes ao redor das portas à procura de algum sensor que as abrisse. Sabia que Peggy usava o controle do cinto para entrar em seu quarto e sair dele, mas deveria haver outra forma. Escutou passos a vir em sua direção e escondeu-se, fazendo uma curva no corredor. Viu quando um ET, segurando uma bandeja de comida, parou em frente a uma das portas, tocou em seu cinto e a porta se abriu. Elisa, num golpe de agilidade e velocidade, tirou uma de suas sapatilhas e, escorregando pelo chão, prendeu-a no canto da porta. O ET saiu logo em seguida, ativou o controle do cinto e, vendo a porta se fechando, virou as costas para ir embora, sem perceber que a sapatilha de Elisa impediu o fechamento completo.

Elisa olhou pela fresta formada entre a parede e a porta e viu um ET sentado na cama. Ele não tinha se dado conta de sua presença, e Elisa ficou a observá-lo, em silêncio. Enxergou sua aura e concluiu: também era um ser humano encarnado em corpo de ET. Assim como ela...

– Ei! Psiu! Você aí! Olhe para cá... Para a porta!

O ET humano levantou-se assustado, dando um pulo para trás, na defensiva.

– Quem é você? – perguntou.

– Sou um ser humano encarnado em um corpo de ET. Assim como você, não é mesmo?

– Sim, sou um ser humano com muito orgulho – respondeu ele, colocando a mão no peito – e estou me sentindo prisioneiro neste corpo branco, frio, estranho... O que faz aqui?

– Se você me ajudar a entrar, explicarei melhor. Vamos! Ajude-me a acabar de abrir esta porta...

O ET humano introduziu o pé no vão da porta e, forçando-a, abriu espaço suficiente para a entrada de Elisa, que se apresentou:

– Meu nome é Elisa. Sou médica imunologista e moro no Rio de Janeiro.

O ET humano fez uma reverência.

– Muito prazer. Sou Lucas; músico. Moro em Salvador.

– Lucas, precisamos fugir daqui. Venha comigo!

– Aonde iremos?

– Não sei. Mas não podemos ficar parados!

– Vamos sair correndo pela nave?

– Sim.

– E se formos pegos?

– Você não quer arriscar?

– É... Acho que sim...

– Então vamos logo, baiano!

Lucas seguiu Elisa, e os dois saíram vagando pela nave, sem saber direito para onde ir. De repente, viram luzes e ouviram vozes.

Elisa, aproximando-se de Lucas, cochichou em seu ouvido:

– Vamos ver o que está acontecendo naquela sala. As portas estão abertas.

– Acho muito arriscado – respondeu ele.

Sem lhe dar ouvidos, Elisa segurou suas mãos e puxou-o sem cerimônia para uma espécie de antequarto, que precedia um imenso salão.

– Eles não nos veem aqui. – falou Elisa – Vamos chegar para o lado mais escuro.

Elisa deu dois passos para trás e tropeçou em um cilindro, caindo no chão. Lucas foi ajudar e tropeçou também, fazendo os ET's clones se virarem, procurando identificar de onde vinha o barulho. Elisa saiu do antequarto e gritou em artisiano:

–Tudo bem! Apenas tropecei.

Os ET's clones voltaram ao seu trabalho sem dar muita importância para aquilo.

– Como fez isso? – indagou Lucas – Pensei que eles iam nos capturar!

– Você se esqueceu de que temos a aparência deles? A única diferença é que nós não estamos usando o cinto preto e um crachá.

– Sim, eles não são capazes de visualizar nossa aura, não podem ver nossa energia.

– Somente Adma e Otto poderão nos identificar. Se conseguirmos cintos e crachás, poderemos circular entre os clones sem sermos notados.

– O que você acha que eles estão fazendo? Tem mais de cem ET's aqui. Elisa, se eles nos descobrirem, poderão nos matar...

– Mas nós já estamos mortos, seu bobo, não tema. Olhe, parece que estão confeccionando peças, trabalhando. Lembre-se de que são todos clones e, portanto, fáceis de enganar. Vamos ficar quietos esperando a hora da saída.

– Você tem um plano?

– Mais ou menos. O que mais me preocupa agora é que Peggy já deve saber que fugi e logo dará o alarme. Não conseguiremos continuar incógnitos sem cintos e crachás, portanto, ficaremos aqui até a hora em que eles saírem: capturaremos os dois últimos ET's que saírem da sala e roubaremos suas identificações.

– Como faremos isso?

– Usando estes cilindros. Não são muito pesados, mas se acertarmos em cheio suas cabeças, os derrubaremos.

Lucas olhou espantado para Elisa; nunca tinha agredido alguém, era estranho ter de agir dessa forma.

Eles permaneceram sentados por quase uma hora; foi então que os alienígenas pararam de trabalhar e começaram a sair do salão. Um a um, foram passando por eles. Os dois prenderam a respiração e se esconderam atrás dos cilindros. Se algum dos ET's se virasse, seriam vistos. Quando Elisa deu o sinal, os dois pularam com os cilindros para cima dos últimos ET's, derrubando-os no chão e nocauteando-os.

– Puxe-os pelas pernas, traga-os para cá! – falou Elisa indicando o canto do quarto – Ande logo, vamos colocar os cintos e os crachás deles. Vamos depressa, eles vão fechar as portas.

Elisa e Lucas juntaram-se ao grupo de ET's clones e, seguindo-os, foram parar em uma espécie de refeitório. Serviram-lhes pílulas coloridas e um copo d'água. As pílulas lhes proporcionaram uma sensação de saciedade e bem-estar, e a água, carregada de fluidos energéticos, deixou-os revigorados.

Após a "refeição", os ET's se levantaram e saíram andando. Elisa e Lucas não sabiam que direção tomar e ficaram parados, até que um ET-clone os empurrou e reclamou:

– Andem logo! Estão atrapalhando! Vejam seus crachás, o número de vocês é 81 e 82! Estão no corredor errado.

– Parece que demos sorte – falou Elisa, entrando no quarto 81 com Lucas – ninguém percebeu nada.

– E se alguém nos viu entrar aqui juntos? O seu quarto é o 82.

– Esqueça isso e vasculhe tudo. Veja se não há nenhuma câmara escondida.

– Acho que não... – respondeu Lucas, olhando em volta – O alojamento muito é pequeno, parece que aqui os ET's-clones gozam de certa privacidade. Poderemos dormir tranquilos. Estaremos seguros até amanhã.

– Como dormir, Lucas? – perguntou Elisa, indignada – Não podemos ficar parados! Não vamos ficar aqui, entendeu? Não temos tempo para dormir, estamos em fuga, lembra-se?

– Calma, Elisa, não grite comigo. Pensei que fosse arriscado sairmos agora.

ABDUÇÃO – O MISTÉRIO DOS EXTRATERRESTRES | 125

– Esperaremos alguns minutos. O suficiente para que esses ET's durmam.

– Para onde iremos?

– Quero voltar à ala clones com almas humanas masculinas. Preciso achar meu marido. Daniela, minha sobrinha, também está aqui.

– E você sabe como achá-los?

– Não, descobriremos no caminho. Venha!

Saíram do quarto e viram que muitos ET's ainda andavam pelos corredores. Aquela ala era bem-iluminada, e o movimento era grande.

– Acho que a nave funciona em turnos; enquanto uns dormem, outros trabalham, – comentou Lucas – Agora há pouco estava tudo vazio, os ET's estavam se recolhendo...

– Vamos segui-los, estão indo naquela direção. – apontou Elisa.

Um grupo se dividiu e entrou em uma sala. Elisa resolveu ir atrás dele e puxou Lucas consigo. Os dois quase desmaiaram ao ver inúmeros corpos humanos pendurados em cabides. Elisa tocou-os e respirou aliviada:

– Não são de verdade, são disfarces.

– Olhe, os ET's continuam andando, estão saindo por aquela porta – avisou Lucas.

– Deixe-os ir. Pegue duas destas fantasias, podemos precisar delas. Vamos por aqui, siga minha intuição.

Lucas acompanhou Elisa, que após andar pela nave um longo tempo em silêncio, falou:

– Acho que estamos perdidos...

– E sua intuição?

– Desta vez, falhou.

– E o que faremos agora?

– Você virou mesmo o meu discípulo, não é? Pois bem, gafanhoto, deixo agora a decisão em suas mãos.

— Elisa, você se lembra daquela reunião virtual de abduzidos em que um rapaz afirmou ter visto um ser humano na nave? Eu ainda estava vivo e participei dessa reunião.

— Sim. Eu também estava naquela reunião. Lembro-me desse fato, só não me lembro de você.

— Aquilo me encucou, mas agora sei que esse ser humano devia ser um ET clone disfarçado de gente. Olhe a perfeição destas fantasias, só não vejo por que tenho de carregá-las...

— Não reclame, Lucas. Mas você tem razão, é assim que os ET's vão à Terra, disfarçados de humanos. E aí? Já decidiu por onde iremos?

— Venha por aqui – falou Lucas, invertendo os papéis e puxando Elisa.

Andaram mais um pouco e, de repente, pararam, ao escutar um ruído forte de máquinas funcionando. Espiaram por uma parede transparente e enxergaram umas camas que vibravam e faziam barulho. Delas partiam tubos, que eram direcionados para os *chakras* de seres humanos e animais, que dormiam profundamente em sua superfície.

— É como o William falou... Estão sendo sugados – murmurou Elisa, chocada com a imagem à sua frente.

— Quem é William?

— Deixa para lá, depois eu explico. Olhe, as máquinas estão sendo desligadas.

O barulho havia diminuído, e vários ET's entraram na sala. Retiraram os humanos e os animais adormecidos das camas e encaminharam-se para uma saída lateral.

— Atrás deles! – exclamou Elisa.

— E o que faço com estas fantasias? Se nos virem, irão desconfiar.

— Ponha o braço para trás, iremos pelos cantos.

Entraram na sala, que estava na penumbra. Os ET's tinham ido embora após depositar os corpos no chão.

– A nossa sorte é que eles sempre entram por uma porta e saem por outra, assim podemos segui-los.

– Também, nunca vi um lugar com tantas portas e tantos corredores!

Elisa olhou adiante e exclamou:

– Meu Deus, mal posso acreditar! Estou vendo minha amiga Clara!

– Quem é Clara?

– Uma amiga minha. Será que está acordada?

– Como, acordada?

– Ela está tomando a Z6.

– O que é Z6? Elisa, você está me deixando louco...

– Esqueça, Lucas, vamos falar com Clara.

Ao ouvir meu nome, arrisquei abrir os olhos. Sabia que a ordem era não nos mexermos durante as abduções, mas, por uns instantes, tive a impressão de que conhecia aquela voz, que me chamava insistentemente. Elisa aproximou-se e começou a me sacudir. Vi Elisa no corpo da extraterrestre e, não a reconhecendo, fechei os olhos de novo e fingi adormecer. Meu coração estava disparado, não conseguia entender por que aquela ET me sacudia tanto.

– Clara! Sou eu, Elisa! Estou encarnada em corpo de ET!

– *"Elisa???"* – pensei – *"Sim! Era a voz de Elisa".*

– Sou eu, Clara, pode relaxar.

– Elisa! É inacreditável! Cuidado, ninguém pode nos ver conversando, pode ter uma câmara nos filmando.

– Então finja estar dormindo. Fingirei arrumar os corpos. Acabei de ter uma ideia. Eu estou com Lucas, outro ET com alma humana que fugiu comigo. Nós temos disfarces de seres humanos. Vamos colocá-los e ficar perto da porta, escondidos. Quando os ET's vierem para vesti-la e borrifar o líquido quente em seu corpo, estaremos preparados; assim que for jogada para fora da nave, nós também pulamos e a agarramos no espaço. Segure-nos com força. Faremos a viagem de retorno à Terra com você.

A ideia era um pouco maluca, mas poderia dar certo. Concordei, e Elisa e Lucas foram vestir as fantasias.

– Essa é boa! – exclamou Lucas, com um sorriso – sou um ser humano, encarnado em corpo de ET, disfarçado de ser humano!

– Meu vestido é lindo! E agora sou loura!

– Você está ótima, ficou bem melhor assim.

– Você também, seu terno é muito chique.

– Vamos parar de trocar elogios e nos esconder; eles estão chegando.

Nenhum extraterrestre notou quando Elisa e Lucas pularam da nave, agarrando meu corpo no espaço. Eles só se preocupavam em "desovar" os abduzidos porta afora e nem olhavam para trás. Nós três, abraçados, flutuamos de volta para casa.

Estávamos todos em minha cama: Elisa, Lucas, Marcos, Perlo, Estrelinha e eu. Marcos acordou e, completamente atordoado ao ver o outro casal, puxou-me pelo braço, gritando. Perlo começou a latir incessantemente.

– O que está acontecendo? – perguntou Marcos.

– Fique quieto, Perlo! – falei baixinho.

Elisa levantou-se, puxou Lucas pelo braço e rodopiou pelo quarto, cantarolando:

– Nós conseguimos!!!

Estrelinha roçava em minhas pernas, ronronando; parecia estar adorando a confusão. Perlo voltou a latir.

– Alguém pode me explicar o que significa isso? – insistiu Marcos.

– Parem de dançar! – pedi – E você Perlo, por favor, fique quieto! Sente-se, Marcos, a história é longa. Eu mesma ainda não sei bem o que aconteceu. Quem vai explicar melhor é Elisa Carptner e seu amigo Lucas, aqui presente.

– Você é Elisa? – perguntou Marcos, assustado – mas está muito diferente!

– Você não viu nada...

Lucas entrou na conversa, animado, contando a aventura:

– Elisa é muito esperta, ela fez quase tudo sozinha; nós conseguimos driblar vários ET's e aqui estamos! Livres!

– Porém, em corpo de extraterrestre – falou Elisa, tirando parte do disfarce. Seus olhos enormes piscaram, e ela sorriu.

Marcos quase caiu duro para trás, e Perlo enlouqueceu, latindo e avançando em Elisa. Estrelinha correu para a cozinha.

– Clara, esse seu cachorro é insuportável! – reclamou Elisa, esquivando-se das mordidas.

– Coitadinho! Não fale assim, afinal, ele nunca viu um alienígena!

– Pois então, faça-o ficar quieto.

Peguei Perlo no colo, acalmando-o com carinho. Elisa terminou de despir sua fantasia de humana, fazendo-me exclamar:

– Você está usando o cinto preto!

– Tome-o – falou Elisa, retirando-o e entregando-o para mim, que olhei com curiosidade.

– Devemos convocar a comissão para uma reunião de emergência. Marcos, por favor, entre em contato com todos em meu nome, enquanto peço a Thuca que nos prepare um café.

– Que comissão é esta? – perguntou Lucas.

– Esqueça, Lucas, depois eu explico – respondeu Elisa.

11

A Farsa de Ádma

Otto parecia que ia explodir de tão nervoso:

– Um dia! Um mísero dia longe da nave, e o que acontece? Perdemos duas almas humanas.

Adma tentava acalmá-lo:

– Não se desespere, benzinho, conseguiremos trazê-los de volta, pensaremos em algo.

– Onde estão os dois clones que foram encontrados desmaiados na linha de montagem?

– Já mandei chamá-los, devem estar chegando.

– E a imbecil da Peggy?

Peggy entrara na sala a tempo de escutar as ofensas de Otto.

– Ah! – bravejou Otto – Aí está você! Além de não ter alma, parece também não ter cérebro!

Peggy abaixou a cabeça, envergonhada.

Os dois clones da linha de montagem entraram na sala, bastante nervosos, e Peggy suspirou aliviada por Otto ter desviado sua atenção.

– Vocês dois! – gritou Otto – Podem começar a dar explicações.

ABDUÇÃO – O MISTÉRIO DOS EXTRATERRESTRES | 131

– Fomos atacados – argumentou um deles – após o expediente, saímos em fila como de costume. De repente, senti uma pancada forte na minha cabeça e desmaiei.

O outro clone confirmou, completando:

– Quando acordamos, estávamos sem o cinto, e as portas já estavam trancadas. Passamos a noite presos na linha de montagem e, sem os cintos, não tivemos como dar o alarme.

– Pois bem, se vocês não têm mais nada a dizer, podem se retirar. – falou Adma.

Otto virou-se para Peggy e disse, com rispidez:

– Você será descartada.

Peggy tentava justificar-se:

– Ela me enganou, fingiu estar passando mal.

– Não adianta. – advertiu Adma – Não poderia ter esquecido a porta do quarto de Elisa aberta.

– Quer dizer que nunca vou poder ter uma alma? – perguntou Peggy, chorosa.

Otto reafirmou, categórico:

– Vá para o descarte, Peggy! O assunto está encerrado.

Peggy saiu correndo. Adma voltou-se para Otto, entregando-lhe uns *chips*:

– São os filmes da fuga de Elisa e Lucas; eles roubaram uns disfarces de humanos e pularam da nave, agarrados em uma abduzida que estava sendo devolvida à crosta.

– E os cintos? – quis saber Otto.

– Já rastreei. Estão no Rio de Janeiro, mais exatamente na casa de Clara Azevedo Damasco. Esta tal de Clara faz parte daquela comissão ridícula que visa nos investigar.

– Vamos acabar com essa comissão, quero todos os integrantes sendo abduzidos.

– Também já providenciei isso. Eles logo estarão na nave. Otto – disse Adma, cautelosa – tenho uma sugestão. Disfarçada de humana, poderei fazer parte da comissão da FEO. O que acha?

– Perfeito, minha querida, mas como irá convencê-los a aceitá-la?

– Simples, meu rei, inventarei que sou uma abduzida encarnada em corpo de ET clone e, como Elisa, também consegui fugir. Quando virem que tenho corpo de ET e aura, acreditarão em mim.

– Você tem ideias sensacionais!

Otto abraçou Adma em uma posição muito estranha, e os dois começaram a vibrar.

A comissão da FEO estava presente à reunião convocada com urgência para aquela manhã. Houve um murmúrio de curiosidade quando entrei acompanhada de Elisa e Lucas disfarçados de humanos. Lena Lion dirigiu-se à Márcia e perguntou, baixinho:

– Quem são esses dois?

– Não faço a menor ideia – respondeu ela.

– Bom dia! – exclamei, animada – chamei-os cedo, porque tenho novidades.

William apontou os recém-chegados e perguntou, curioso:

– Quem são eles, Clara? Não vai apresentar seus amigos?

Jonas mostrou-se irritado:

– Acho que antes de a Clara trazer "convidados" para a reunião, deveria consultar-nos.

– Não seja mal-educado, Jonas – repreendeu Lena – os amigos de Clara serão sempre bem-vindos. Vamos, Clara, estamos esperando as apresentações.

– Pois bem – respondi – A minha "convidada" já faz parte da comissão e se chama Elisa Carptner! O rapaz é Lucas Pinho, seu companheiro de fuga.

Os membros da comissão entreolharam-se, espantados.

– Mas essa mulher não se parece com Elisa! – exclamou Márcia, observando a jovem loura à sua frente.

– Na verdade, – elucidou Elisa – agora tenho um corpo de ET e estou disfarçada de ser humano. Vamos nos sentar que lhes contarei toda a história.

Elisa e Lucas narraram resumidamente os últimos acontecimentos e, depois, para o espanto geral, despiram-se de suas fantasias.

– Vocês estão muito esquisitos! – exclamou Jonas.

– Parecem lagartixas! – completou Thiago.

– Eu o acho bonito e interessante. Os ET's são altos e musculosos – falei, tocando os braços de Lucas.

– Agora – disse Lucas, entristecido – somos seres artisianos.

– Por pouco tempo – afirmou William – se tudo correr bem, vocês voltarão a reencarnar na Terra.

– É o que mais quero. Morrer em paz e continuar aqui na Terra junto daqueles a quem amo, que vêm evoluindo comigo em reencarnações sucessivas...

Neste momento, soou um sinal. Na tela, apareceu uma mulher, pedindo que abríssemos a porta.

– Alguém conhece?

Todos negaram. Elisa e Lucas vestiram seus disfarces novamente.

– Deixem-na entrar – disse William.

Lena abriu a porta, conduzindo a estranha para o interior da sala.

– Quem é você? – quis saber Jonas.

– Meu nome é Andréa – respondeu Adma, que entrara disfarçada de humana.

Fingindo estar nervosa, continuou:

– Que bom que encontrei todos da comissão aqui, estou apavorada!

Lena percebeu que não havia medo na aura de Adma, mas não quis comentar.

— Acalme-se um pouco – falou, conduzindo Adma até uma cadeira.

— Aceita um chazinho de erva doce?

— Não senhora, obrigada. Sou uma alma de ser humano aprisionada em um corpo de ET. Consegui fugir. Olhem! – Adma retirou seu disfarce.

— Você é como nós... Como eu e Elisa... – sussurrou Lucas.

— Como conseguiu fugir? – perguntei.

— É uma longa história – respondeu Adma, receosa – nem eu mesma entendi direito.

— Pois então, conte-nos – insistiu Jonas.

Adma suspirou fundo e começou a falar bem devagar:

— Ontem, estava em meu quarto na nave e recebi a visita de Adma.

— Ela também me visitava – confirmou Elisa.

— Adma me entregou uma fantasia de humana e ordenou que eu a vestisse e a acompanhasse, pois iríamos descer à Terra. Não entendi nada, porém obedeci. Fomos para um salão com uma grande porta onde um ET macho, com aura, nos esperava.

— Deve ser Otto – falou Elisa, interrompendo Andréa mais uma vez.

— Nós três colocamos uns cintos e nos jogamos para fora da nave, flutuando em alta velocidade até a Terra.

— Você tem o cinto? – agora, era eu quem interrompia Andréa.

— Não, assim que chegamos à crosta, o ET tirou-o de mim.

— Mas e depois, o que aconteceu? – perguntou Thiago, curioso.

— Caminhamos até uma multidão que assistia ao pronunciamento da presidente no céu. Os ET's seguravam meu braço com força. Na hora em que a presidente anunciou que era intenção dos alienígenas roubarem nossas almas, começou uma grande confusão. No meio do tumulto, consegui me soltar e saí correndo, empurrando os outros. Não vi mais os extraterrestres e não sei por que me trouxeram para a Terra.

– É realmente muito esquisito... – murmurou Lena, tentando enxergar melhor a aura de Andréa.

Todos tiveram a impressão de ter visto a mentira em sua aura.

Márcia me chamou em um canto e cochichou:

– Ela está mentindo.

– Por certo, tem motivos pessoais para não contar toda a história. Não vamos prejulgá-la.

Fernando estava afoito:

– Se Otto e Adma costumam vir à Terra, poderíamos matá-los aqui mesmo!

– Seria o mais sensato a fazer. – respondi – Desse jeito, acabaríamos de vez com essa história.

O sinal externo tocou novamente, e a imagem de Roberto apareceu na tela. William virou-se em direção à porta e pediu que ela se abrisse. Roberto entrou e, ao dar de cara com Adma e Lucas, que haviam tirado suas fantasias, começou a gritar:

– Afastem-se de meus amigos, ET's nojentos! – retirou de sua cintura uma arma de raios paralisantes e, antes que qualquer um pudesse avisar, atirou.

– Não!!! – gritou William.

Mas já era tarde demais. Lucas e Adma ficariam paralisados por pelo menos dez minutos. Repreendi Roberto por sua precipitação:

– Que bobagem! Sair atirando assim, sem ao menos perguntar antes... mas, de onde tirou está arma, Roberto?

Ele respondeu, nervoso:

– Faz parte do arsenal armazenado pelo governo, vim justamente para mostrar-lhes. Quem são estes ET's? O que fazem aqui?

– São almas humanas encarnadas em corpos de extraterrestres – elucidou Lena.

– Não são perigosos? – Roberto continuava desconfiado.

– Não. – esclareceu William – São um presente de Clara, que os trouxe de sua última abdução.

– Me expliquem esse negócio direito, preciso saber mais.

– Aquela ali – falou Thiago, apontando para a loura de vestido vermelho – é Elisa Carptner, encarnada em corpo de ET, disfarçada de ser humano.

Elisa cumprimentou Roberto, tirando parte da fantasia.

– Meu Deus! – exclamou Roberto, incrédulo.

– Os outros dois que você paralisou são Andréa e Lucas, também humanos encarnados em ET's. Agora – falei, mudando de assunto – que temos o cinto preto nas mãos, vamos estudar suas funções. Acredito que o cinto possa nos levar até a nave.

– Poderemos salvar Daniela! – exclamou Fernando, animado.

Adma e Lucas estavam recuperando os movimentos.

– Puxa – reclamou Adma, espreguiçando-se – estou com dores no corpo.

– Nós temos o mapa da nave e as instruções sobre o funcionamento do cinto preto em um dos *chips*. Vamos estudar uma forma de entrar na nave e matar Otto e Adma – insistiu Jonas.

– Sim – concordou William – não tem por que tomarmos o antídoto Z6 e não nos movimentarmos na nave, para tentar exterminá-los.

– O que é Z6? – perguntou Adma, curiosa.

William, ingenuamente, explicou tudo sobre o antídoto.

– *"Como são espertos"* – pensou Adma – *"mas isso é bom, precisamos de gente esperta para reencarnar em nossos clones. Vou sugar toda essa comissão e mais esse cientista Roberto."*.

– Onde dormiu esta noite? – perguntou Elisa, pegando Adma de surpresa.

– Em um albergue para viajantes – respondeu Adma, com dificuldade para conseguir disfarçar a mentira na aura. Todos perceberam, mas ninguém tocou no assunto.

– Não queremos ser inoportunos, com perguntas indelicadas – falou Lena educadamente...

Elisa sacudiu os ombros e disse desculpando-se:

– Eu só queria convidá-la para ficar em minha casa, caso não tenha onde dormir. Aliás, por falar em casa, se João Carlos, Daniela e eu estávamos na nave, quem está cuidando de meus cachorros?

– Tenho ido lá todos os dias – respondeu William, tranquilizando-a.

– Obrigada, William, sinto falta deles. E então, Andréa, quer ficar lá em casa?

Adma não teve como recusar o convite sem causar suspeitas.

– Claro, amiga. Agradeço sua hospitalidade.

Adma esperou Elisa dormir para voltar à nave. Colocou o cinto preto que havia escondido e flutuou em alta velocidade de volta a seu destino. Otto recebeu-a com ansiedade.

– E aí, querida? Descobriu alguma coisa? Quase enlouqueci de preocupação.

– Fique tranquilo, meu rei; correu tudo bem. Um cientista, chamado Roberto, descobriu um antídoto para a anestesia geral que aplicamos nos humanos. Por isso, alguns abduzidos estão ficando acordados na nave.

– Eu sabia que o problema não era conosco! Inspecionei pessoalmente todo o lote de anestésico.

– Só os membros da comissão estão tomando o antídoto, que eles chamam de Z6.

– Apressaremos a abdução desses indivíduos. Quero todos aqui na nave para que possamos vigiá-los de perto.

– Penso como você, benzinho.

— Eles têm planos?

— Querem nos matar.

— Ah! – gritou Otto – Os humanos são uns idiotas! Acham que podem nos vencer.

Adma acariciou Otto e falou:

— Calma, thuthuco, eles não sabem que a vida na nova Artísia vai ser bem melhor do que na Terra! É tudo uma questão de tempo. Os terráqueos são muito apegados a Jesus. Irão se desligar aos poucos. Agora, o mais importante é recuperarmos os cintos, que estão em poder da comissão. Vamos mandar dois clones disfarçados à crosta para trazer os cintos de volta.

Otto aproximou-se de Adma, enlaçando sua cintura:

— Você sempre tem razão. Venha aqui! Estou com saudades...

Adma recuou.

— Elisa me convidou para ficar na casa dela. Não tive como recusar sem causar suspeitas. De agora em diante, terei de passar os dias na Terra e virei à noite para nave, depois que Elisa dormir.

— Vamos esquecer os humanos, venha, querida, estou com saudades, doido para vibrar com você.

A Captura

Centenas de cavalos corriam ao nosso encontro. Estávamos imóveis e com os corações disparados. Mesmo sabendo serem imagens tridimensionais, em hologramas de tamanho real, que atravessavam nossos corpos, o estouro da cavalaria assustou todos os que assistiam ao filme. Cada vez que um cavalo passava por mim, eu encolhia o corpo instintivamente. Segurei a mão de Marcos com força. Estava começando a chover no filme. Era estranha a sensação de estar no meio de uma tempestade sem se molhar. O casal protagonista correu ao encontro um do outro, e se beijaram apaixonadamente.

Márcia começou a chorar.

– Sempre me emociono com esses encontros de almas predestinadas... – cochichou ela em meus ouvidos.

Uma carruagem do século XIX parou ao nosso lado, e a imagem dos atores passou por nós, entrou em seu interior e seguiu viagem.

– Adoro finais felizes. – concluiu Márcia, enquanto saíamos do cinema.

– Vamos à loja de robôs. – falou Thiago.

– Você não sai do *site* deles! – reclamou Márcia – Prefiro olhar as novidades da moda. Venha comigo, Clara! Vamos deixar os rapazes se divertindo com este amontoado de máquinas.

Marcos e Thiago entraram na loja e foram direto para a sessão de dispositivos especiais, para robozinhos caseiros.

– Veja, Marcos! Este dispositivo permite que uma robozinha da casa receba ordens de qualquer parte do planeta.

– Se o cinto tiver um dispositivo assim, poderemos nos comunicar com a nave...

– Comprarei um para compararmos.

Márcia e eu mudamos de ideia e voltamos para a loja de robôs, ao ver o jornal virtual chegando no computador de pulso de Márcia.

– Liguem os computadores de vocês e leiam a manchete: "*Comissão da FEO não apresenta projetos para o combate dos ET's*".

– Quanta injustiça falar mal da gente! – choramingou Márcia – Descobrimos tantas coisas...

– Só não divulgamos, até mesmo para nossa própria segurança. – ponderei.

– O povo quer soluções rápidas – disse Marcos – Estão todos com medo de serem sugados.

Meu computador deu sinal, e atendi prontamente. Olhei a mensagem na tela e virei-me para Marcos, apressada:

– Vamos para a sede da fundação. Elisa está sendo perseguida por dois homens!

Elisa e Lucas estavam na fundação, estudando as funções do cinto preto. Na saída, foram abordados por dois senhores muito bem-vestidos, que pediram informações sobre um endereço. Enquanto Elisa respondia, um dos indivíduos deu um soco em Lucas, pegando-o de surpresa e tirando o cinto de suas mãos. Elisa, com um movimento rápido, desvencilhou-se do outro homem e saiu correndo, segurando bem o outro cinto. Os dois ET's disfarçados correram atrás dela, e Lucas ficou caído no chão.

Elisa conseguiu entrar na garagem do prédio da FEO e escondeu-se no meio dos carros. Em seguida, mandou uma mensagem para Clara e ficou agachada, em silêncio. Os ET's entraram e ficaram à espreita. Vieram em sua direção e, mais uma vez, ela conseguiu despistá-los, arrastando-se pelo chão.

Ao receber a mensagem de Elisa, rapidamente, entrei em contato com todos os integrantes da comissão. Em razão da proximidade com o *shopping*, fomos os primeiros a chegar à garagem da FEO. Ao ver os dois senhores, percebi logo que eram ET's disfarçados, pois tentei visualizar suas auras e não consegui.

— ATRÁS DELES! – gritei, apontando para os dois homens, que correram, tentando escapar, mas foram cercados por William e Roberto, que acabavam de entrar pelo outro lado da garagem. Um dos ET's sacou uma arma e atirou, apontando para William, que desviou e caiu, deixando-o escapar. O outro foi imobilizado por Roberto, que o segurou pelas mãos, conseguindo desarmá-lo.

Elisa lamentou:

— Justo o que fugiu levou o cinto...

— O ET que capturamos está usando um cinto, ficou elas por elas. – falei.

Corri até William, que continuava caído no chão.

— William, por favor, fale comigo, você está bem?

— Não se preocupe, Clara – respondeu, ainda tonto – ele não me acertou, está tudo bem.

— O que faremos com esta coisa? – perguntou Roberto, segurando o ET, que esperneava freneticamente – Ele não para quieto.

— Tem de sedá-lo. – respondeu Elisa. – Thiago, vá até a enfermaria e traga um sedativo injetável, enquanto olho Lucas lá fora.

Elisa saiu e, logo em seguida, Thiago voltou com o sedativo nas mãos, entregando-o para mim.

– Tome, aplique você, que é médica.

O ET dormiu, e tiramos sua fantasia de humano.

Jonas, que chegou depois que a situação já havia sido contornada, perguntou, preocupado:

– O que vamos fazer com ele?

Foi Márcia quem respondeu:

– Poderíamos colocá-lo em exposição pública, iria acalmar a população, que não para de cobrar atitudes.

– Excelente ideia! – exclamei – Vamos colocar uma jaula na Quinta da Boa Vista. Não era lá que havia um zoológico no século XXI?

– Uma coisa horrível! Animais selvagens presos em jaulas. Como o ser humano pôde, um dia, ser tão cruel! – lembrou Márcia.

Aproximei-me do ET e toquei em seu corpo:

– Até que eu acho o ET bonitinho...

– Está louca, Clara? – perguntou Thiago, divertindo-se Parece uma lagartixa.

– Mas tem um corpo bonito, é bem musculoso... – respondi – Os ET's parecem ter um charme especial.

– Estou começando a ficar com ciúmes... – falou Marcos me abraçando.

Jonas interrompeu, impaciente:

– Chega de perder tempo! Vamos transferi-lo antes que acorde.

– Jonas tem razão – concordou William – Ele tem de acordar em público, dentro da jaula, que é mais seguro.

– A pele dele está ressecada, ele precisa imergir – lembrou Elisa – Colocaremos uma banheira na jaula.

Um frenesi se instalou em São Cristóvão. Uma multidão se aglomerava ao redor da jaula onde estava o ET. Sua imagem estava sendo projetada no céu, mas todos queriam vê-lo pessoalmente. O ET estava acordando, e as pessoas gritavam e vaiavam.

Otto e Adma, furiosos, interceptavam a transmissão e assistiam da nave.

– É uma humilhação – dizia Adma, inconformada – esses clones não servem para nada, mesmo. Pelo menos, o clone Maverick conseguiu voltar com um cinto. A próxima alma humana que sugarmos por completo será dada a ele.

– Grande coisa! – bradou Otto – Recuperamos um cinto e perdemos outro com o imbecil do clone Mustang, que ainda por cima, está preso em praça pública na Terra, fazendo-nos passar vergonha. A comissão da FEO continua com dois cintos!

– Temos de acelerar as abduções. Esta noite virá uma grande leva. Mas temos de trazer mais, muito mais, até alcançarmos um milhão de clones com almas humanas, só aí poderemos ir embora.

– Você tem razão, querida.

– Sempre tenho razão. O próximo a morrer será William.

– E Clara? – quis saber Otto.

– Que é que tem Clara? – indagou Adma, desconfiada.

– Quando vai morrer?

– Por que está tão interessado?

– Não há nenhum interesse especial, apenas curiosidade.

– Pois bem – falou Adma, mudando de assunto – estou atrasada, preciso ir para a Terra.

– Agora você passa mais tempo na crosta do que comigo...

– Não fique aflito, à noite estarei de volta.

13

O Plano

Em seu quarto na nave, Daniela estranhava estar há tanto tempo sozinha.

– *"Acho que se esqueceram de mim."* – pensou. Sonhava com Fernando todas as noites. Sabia que ele daria um jeito de salvá-la. Mas eram apenas sonhos do subconsciente, sua alma não conseguia libertar-se do corpo durante o sono.

– *"Corpo e alma prisioneiros..."* – lembrou-se dos beijos de Fernando, e lágrimas brotaram em seus olhos...

– *"Fernando, venha me salvar!"* – gritava seu coração.

Na Terra, Fernando estava a caminho da casa de Clara, quando sentiu um aperto no peito. Aquela sensação só poderia significar uma coisa: Daniela estava viva e chamando!

Nando entrou em minha casa e me cumprimentou com um aceno da cabeça, indo sentar-se, em silêncio. Não ligou nem para as festinhas do cachorrinho Perlo. Fui até ele, passei a mão em seu cabelo e dei-lhe um beijo na testa, consolando-o:

– Não fique triste! Estávamos agora mesmo, Jonas, Thiago e eu, falando sobre as funções do cinto preto. Logo descobriremos como ir até a nave e traremos Dani de volta.

Jonas, que estava ao meu lado, falou. meio desanimado:

– Eles são, tecnologicamente, bem mais avançados que nós...

– Só se for em tecnologia mesmo, porque moralmente deixam muito a desejar – concluí, zangada.

– A energia que eles usam para flutuar – continuou Jonas – é a mesma que utilizamos para neutralizar a gravidade. Porém, não sabemos ainda como ativá-la no cinto e torná-la tão potente.

Fernando foi até a janela, olhou para o céu, onde estava parada a grande nave que, daquela distância, mais se parecia com um pequeno prato.

– Se conseguirmos alcançá-la, serei o primeiro a me candidatar para fazer a viagem. Sinto que Daniela está me chamando com a força de seu coração.

Thiago se mostrava preocupado:

– Será que os ET's descobriram algo sobre o antídoto Z6? Tenho medo de que torturem Daniela, de que a obriguem a falar...

Fernando reagiu, nervoso:

– Eu quebro a cara do miserável que fizer minha Dani sofrer!

– Acredito que não a torturariam, é mais fácil terem espiões entre nós, com auras falsas, como a aura que fica no abduzido, após sua morte física – falei.

Jonas concordou, pensativo:

– Não devíamos ter confiado tanto naquela Andréa. Todos perceberam a mentira em sua aura.

– Mas a aura dela não é estática! – exclamou Nando – Por isso confiamos nela.

– Jonas está certo. – ponderei – Fomos precipitados. Vamos procurar William. Ele nos ajudará a investigar a vida de Andréa.

Na casa de William, Bóris nos cumprimentou com simpáticos latidos. William pediu que Bóris se calasse, e imediatamente, os latidos cessaram. Fiquei indignada:

– Como consegue? Por mais que eu tente fazer o Perlo se calar, ele só se aquieta quando o pego no colo.

William respondeu, sorrindo:

– Ainda bem que Bóris não é assim. Pesa quase quarenta quilos! Aproximei-me do cão.

– Vem com a tia, Bóris! – acariciei-lhe a barriga, e ele espreguiçou, satisfeito.

William perguntou, preocupado:

– O que houve para virem assim, sem avisar?

Jonas foi direto ao assunto:

– Viemos conversar sobre a Andréa. Achamos que ela pode ser uma espiã.

William assentiu com a cabeça:

– Também estive pensando nisso. Mas uma coisa me intriga, ela tem uma aura bem verdadeira. Não é estática como a dos cadáveres.

– Espere! – exclamei – e se ela for Adma?

– Meu Deus... – Nando levantou-se, atordoado – como não pensamos nisso antes?

– O fato é que, agora, ela já sabe do antídoto. Não estamos mais acostumados a desconfiar das pessoas, entregamos o ouro de bandeja para o bandido.

– Calma, gente. Não vamos tirar conclusões precipitadas. Checaremos sua vida no computador.

William perguntou ao computador, e ele respondeu após alguns segundos. Na tela, apareceram todos os dados de Andréa, inclusive a data de sua última abdução, seguida de morte.

– Tudo confere – disse Fernando – Parece que ela realmente existiu.

William não se convenceu:

– Otto e Adma são muito espertos. Não mandariam uma espiã sem uma identidade falsa. A verdadeira Andréa pode estar presa na nave.

– Não podemos mais admiti-la em nossas reuniões – disse Jonas, sem hesitação.

William ponderou:

– Melhor que não perceba que desconfiamos dela...

– Poderíamos tentar confundi-la – sugeriu Thiago.

– Vamos consultar Lena – falei – Ela sempre tem boas ideias!

– Enquanto procuram Lena – disse Thiago – ficarei aqui estudando as funções do cinto.

Lena Lion saiu do CREA mais revigorada. Além da energização, havia feito uma sessão de acupuntura e um banho de ervas. Sentindo-se bem, resolveu dar uma volta no parque antes de ir para casa. Acomodada em um banco à sombra de uma árvore frondosa, pôs-se a observar a natureza. As flores exalavam um aroma tênue e suave; cotias corriam ao seu redor.

– *"Com a graça de Deus, o mundo mudou muito."* – pensou, deixando que a paz daquele momento penetrasse em seu coração.

"Nós, humanos, quase nos destruímos em um período em que o orgulho, o egoísmo e a pobreza moral provocavam desrespeito ao próximo e à natureza. Ao fim de vários anos de guerra, manifestações espirituais pedindo a paz eram frequentes. Guias e anjos de outros planos interfeririam diretamente com milhares de médiuns, inspirando à criação de uma confederação mundial para o fim das guerras. Era o início da Revolução do Bem, *comandada principalmente por mulheres capazes de captar os mais nobres ensinamentos de Jesus: amor e respeito ao próximo. Todos acabaram cedendo às evidências e às vantagens dos conceitos pregados por elas, que afirmavam que nós, seres humanos, tínhamos a capacidade de enxergar a aura de nossos semelhantes. Bastava estudar, praticar e fazer sempre o bem, somente o bem, como ensinou Jesus.*

A Revolução do Bem, *em meados do século XXI, foi um grande marco para a história evolutiva moral dos seres humanos. Os* espíritos que, apesar de reencarnarem centenas de vezes na Terra, não conseguiram atingir um nível evolutivo mínimo de respeito ao próximo e habitavam dimensões sinistras, como o umbral e similares, começaram a ser transferidos para outros planetas ainda em estágio primitivo, a partir de 21 de dezembro de 2012. Após dezenas de anos e uma série de transferências realizadas em nível espiritual, a Terra emergiu para uma nova era de regeneração. A partir daí, cada vez mais pessoas aprendiam a enxergar o campo energético que rege o planeta. Instituiu-se o conceito mundial da imortalidade do espírito, e graças ao grande número de contatos estabelecidos por médiuns com os desencarnados, comprovou-se que a reencarnação era a forma de evolução.

Criou-se o CURSO – Centro Único Religioso e Social Organizado – que pregava ensinamentos sobre as interpretações bíblicas. O mundo vivia uma evolução espiritual fantástica.

Conceitos e princípios foram rediscutidos pela humanidade. Revolucionaram-se ciências e religiões que imperavam na época. Começava então uma nova era, com novas expectativas. O século XXII teve início mergulhado na consciência global da importância do amor para a unificação energética do planeta.

Esses novos conceitos, associados à evolução científica e, principalmente, à nanotecnologia e à descoberta da energia antigravitacional, possibilitaram ao planeta ser salvo de anos e anos de irresponsabilidade humana que provocou o aquecimento global.

Após a guerra, projetos ambientalistas levaram décadas para restabelecer a temperatura, por meio do reflorestamento e da reestruturação do transporte e da indústria.”

Lena se deu conta de que já estava escurecendo e que não percebera o tempo passar. Notou que tinha três mensagens em seu CP – computador de pulso. – Era Clara, pedindo para que ela fosse para a casa de William.

– Oh! Meu Deus! –exclamou, preocupada – me perdi em meus pensamentos e não escutei Clara me chamando.

Lena chegou à casa de William pedindo mil desculpas:

– Não se preocupe –disse William – o importante é que está aqui.

– E que está tudo bem. – completou Fernando, abraçando-a.

– Estávamos preocupados com sua falta de resposta. – falei.

– Porque me chamaram aqui? – quis saber Lena, curiosa.

Expliquei nossas desconfianças sobre Andréa.

– Concordo com vocês que fomos precipitados ao aceitá-la nas reuniões, mas agora, não adianta ficarmos lamentando. Melhor continuarmos agindo como se nada soubéssemos. Pensando bem... A possibilidade de ela ser Adma explicaria tudo...

– E se nós a matássemos? – sugeriu Jonas.

– Hum... – murmurou William, com ar de dúvida – Não temos certeza de nada, podemos estar errados a seu respeito.

– William tem razão. Sem precipitações! – afirmou Lena – Vamos passar a nos reunir fora da sede da FEO e, quando ela nos procurar, diremos apenas "meias verdades", tentaremos confundi-la.

– Vamos deixá-la pensando que estamos nos sentindo derrotados. – sugeri.

– Ela não vai enxergar a mentira em nossa aura, porque, infelizmente, isso não deixa de ser verdade, tenho muito medo de sermos derrotados. – disse Fernando, com desânimo.

Lena prosseguiu, com ar pensativo:

– Se Andréa for mesmo Adma, ela já saberá sobre o antídoto Z6. Não tem mais por que continuarmos a esconder a pílula da população...

Fernando estava mais otimista ao dizer:

– Se todos os abduzidos tomassem a Z6, ficariam acordados na nave!

– Para quê? – interrompeu Jonas – Para fazer a festa dos pelados?

Ignorei o comentário de Jonas e perguntei, pensativa, tentando lembrar minha última abdução:

– Quantos ET's entram na sala escura para vestir os abduzidos?

– Seis ou sete – respondeu William.

– A média de abduzidos por noite é de trinta a quarenta. – continuei – Se todos estiverem acordados, poderão tentar dominar os ET's clones, para invadir a nave e salvar Daniela.

– Ah! – exclamou Fernando – Estou recebendo uma mensagem de Thiago. São boas notícias! Ele manda avisar que conseguiu descobrir o mecanismo que aciona a liberação da energia antigravitacional do cinto e que já sabe como flutuar para a nave. É como usar carros na cintura!

– Isso é ótimo! – comemorou William – então está decidido, faremos um motim e salvaremos Daniela e as almas sequestradas.

Jonas levantou-se e disse, convicto:

– Mataremos Otto e Adma!

– Precisamos decidir quem irá à nave flutuando com o cinto... – falou Fernando, ansioso.

Lena Lion lembrou, preocupada:

– Como os abduzidos, acordados, vão sair da nave após o "motim"? Se não estou enganada, os extraterrestres borrifam um líquido quente nos abduzidos, para que eles possam flutuar em segurança de volta para suas casas.

– Dominaremos os ET's e roubaremos o líquido!– afirmou Fernando.

– E como entraremos na nave? – perguntou Jonas – A forma de abrirmos sua porta principal, usando o comando do cinto, não consta no *chip*.

– Eles abrem a porta para "desovar" os abduzidos. Aproveitaremos esse momento,entraremos e daremos o sinal para o motim! – respondi.

– Temos de tomar muito cuidado para que Adma e Otto não desconfiem de nada. Temos de tomar cuidado com Andréa – disse Lena.

– Em vez de abrirmos a história da pílula Z6 para a população, contaremos apenas para os abduzidos – falei.

Jonas continuou minhas palavras:

– Somamos hoje 2.356 abduzidos. Cada um de nós entrará em contato pessoalmente com cinco abduzidos, pedindo que façam contato com outros cinco, orientando sobre o plano, e dessa forma, rapidamente todos estarão tomando a pílula.

– E quem irá tentar entrar na nave flutuando com o cinto? – Fernando voltou àquele assunto, pois tinha a esperança de ser o escolhido. Pensava o tempo todo em uma maneira de salvar sua amada Daniela.

– Decidiremos isso em reunião, Nando. Com a presença de todos os membros da comissão. – respondi, afagando seus cabelos.

Nando continuou:

– Thiago pediu que nos encontrássemos na Baixada Fluminense amanhã de manhã, mais precisamente em uma biofazenda do governo em Seropédica, para treinarmos voar com o cinto preto. Parece que o mecanismo é muito delicado.

– Poderíamos marcar uma reunião para depois do treino – sugeri – vou avisar Elisa e pedir que despiste Andréa.

Contatos

Otto já não aguentava mais ficar sozinho na nave. Não sabia ter sido realmente uma boa ideia aquela historia de Adma se fantasiar de humana, para fazer parte da tal comissão. Suas idas à Terra estavam cada vez mais frequentes e prolongadas. Aqueles períodos de solidão e tédio na nave eram, no mínimo, irritantes. De repente, um pensamento passou por sua cabeça:

"Por *que não ir também para a Terra? Seria mais divertido do que ficar aqui sem nada para fazer.*"

Resolveu verificar se o trabalho dos clones estava de acordo. Se estivesse tudo bem, iria para crosta ainda naquela manhã.

Um pouco antes de sair, chamou Maverick e avisou que iria se ausentar por algumas horas, deixando o comando da nave por conta dele. Em seguida, dirigiu-se ao almoxarifado para escolher uma fantasia de humano. Otto olhou-se no espelho e gostou do que viu. Havia se transformado em um homem alto, de cabelos pretos levemente ondulados, tez clara e olhos castanhos amendoados, que refletiam a personalidade forte de um rei e a doçura de um artista. Ajustou o cinto preto por baixo do disfarce e saiu da nave, flutuando no espaço.

ABDUÇÃO – O MISTÉRIO DOS EXTRATERRESTRES | 153

Aterrissou em um canto escondido do Jardim Botânico, para não causar suspeitas, e saiu caminhando lentamente, sem saber direito aonde ir.

– *"Gosto da natureza terrestre"* – pensou ele – *"copiarei alguns trechos deste parque nos meus projetos de uma nova Artísia."*.

Otto estava tão distraído que mal notou que Nando e eu andávamos em sua direção.

Fernando era um botânico conceituado. Ele me mostrava, empolgado, algumas espécies híbridas criadas por sua equipe. Eu estava próxima de Otto, quando tropecei em uma raiz, ameaçando cair. Otto, com um reflexo mais rápido do que qualquer ser humano seria capaz, pulou na minha frente e me segurou.

– Como o senhor é rápido! – exclamou Nando, assustado.

– Obrigada... – balbuciei devagar. Olhei nos olhos do desconhecido e senti todo o meu corpo vibrar. Fiquei tonta por uns segundos. Ele perguntou:

– Tudo bem com você?

Sua voz era máscula e sensual. Estremeci de novo e respondi, tentando me recompor:

– Tu-tudo bem.

Nando agradeceu o desconhecido e me puxou pelo braço, para que continuássemos a caminhar.

Otto se afastou educadamente.

– O que aconteceu, Clara? – Fernando sacudia meus ombros – Você está pálida! Sua aura perdeu a cor...

– Homem estranho, não é, Nando? Você o conhece?

Nando fez que não com a cabeça, e eu continuei:

– Você viu a aura dele?

– Não prestei atenção.

– Senti uma coisa muito esquisita quando ele me segurou...

– Iiiii! Coitado do Marcos...

– Não diga bobagens, não é sobre isso que estou falando.

– Então, esqueça esse homem. Temos de ir para a Baixada Fluminense treinar o voo com o cinto. Vai ser demais aprender a voar!

Nando continuou falando, mas a imagem do homem voltou à minha cabeça, distraindo-me novamente.

– Clara! Você está me ouvindo? – reclamou ele – Ficou esquisita depois que encontrou aquele homem.

Caminhamos em direção à saída do parque sem percebermos que Otto nos observara o tempo todo.

Chegamos à biofazenda da Baixada Fluminense e escolhemos um local afastado, para não chamar a atenção. Fui conversar com William, pois achei que ele não estava bem.

– Você tem razão, Clara – disse William – fui abduzido noite passada, não me sinto bem; é a minha décima segunda vez.

Fui acometida por súbita sensação de mal-estar ao constatar que meu amigo não tardaria a morrer e se tornar um prisioneiro dos ET's. Decidi ficar com ele, enquanto os outros testavam o cinto.

Jonas conduzia a situação. Segurava o cinto com uma das mãos e apontava com a outra. – O cinto é muito sensível aos nossos movimentos. Obedece a ângulos de inclinação do nosso corpo. Vocês ganharão velocidade inclinando-se para frente, e para frear, basta inclinar-se para trás. Com um mínimo gesto, podem virar para esquerda ou direita. Para cima ou para baixo, o comando é feito com a inclinação dos pés. É preciso assumir o domínio completo deste mecanismo. Comecem se mexendo bem devagar.

Márcia e Fernando foram os primeiros a experimentar. Márcia, orientada por Thiago, ativou o cinto com comando vocal em artisiano e deu um pequeno impulso com os pés, subindo quase vinte metros. Todos olharam para cima, espantados.

– Desça, Márcia! – gritou Jonas contrariado – você deu impulso demais!

– Estou com medo! – gritou ela – O que tenho de fazer?

– Incline seus calcanhares para baixo! Não, Márcia! – gritou Thiago, vendo que ela estava ganhando velocidade – Mais devagar!

Márcia conseguiu chegar ao solo, e Thiago aproximou-se, sorrindo:

– Você mais parecia um pingüim aterrissando.

– Acha que é fácil? Pois então tente – respondeu Márcia, tirando o cinto e jogando-o ao lado de Thiago.

– Olhem! – gritou Jonas – Fernando conseguiu!

Fernando voava e fazia piruetas como um pássaro. Todos aplaudiram.

Jonas, Thiago e Fernando passaram o resto da manhã treinando, e até Márcia se arriscou a tentar mais uma vez, saindo-se bem melhor.

– Rapidinho você pega o jeito. – incentivou Thiago.

– Voar dessa forma é maravilhoso. – falou Jonas, extasiado.

William e eu não nos sentíamos bem e ficamos só sentados, observando. Nando aterrissou perto de nós e perguntou:

– E então? Já posso ir à nave salvar Daniela?

Foi William quem respondeu:

– Decidiremos isso na reunião. Vamos almoçar e depois iremos para a FEO. Minha sugestão é tentar entrar na nave e matar Otto e Adma o mais rápido possível!

– Temos de rever o mapa da nave e testar nossas armas, para pegá-los de surpresa – concluí.

15

Lena tem uma Visão

Almocei com Marcos, indo em seguida para a reunião. Cheguei à sede às 13h45min. William surpreendeu-se ao ver-me:

— Chegando adiantada, Clara? Que milagre é esse?

William quis sorrir, mas teve um acesso de tosse. Bati em suas costas e levantei seu braço.

— Engasgou, William?

— Foi a abdução da noite passada; acordei com um pouco de dificuldade respiratória. Minha hora está próxima, Clara.

— Não fale assim, não gosto nem de pensar.

— Thiago e Jonas já chegaram. Por favor, conduza a reunião hoje, estou me sentindo fraco.

Elisa e Márcia entraram ofegantes.

— Consegui despistar Andréa — falou Elisa.

— O que disse a ela? — perguntou Lena, que acabara de entrar.

— Falei que iria para a universidade estudar profecias com a Márcia. Convidei-a para vir comigo para não levantar suspeitas. Ela me olhou com cara de tédio e recusou.

— Como fez para que não percebesse a mentira em sua aura? — perguntei, preocupada.

– Eu realmente fui para a universidade encontrar-me com a Márcia; selecionamos profecias, almoçamos juntas e viemos para cá.

Lena virou-se para William e percebeu que ele não estava bem. Aproximou-se e abraçou-o com ternura. Olhei para eles e pensei, entristecida:

"Não suportarei perdê-lo. Somos amigos e companheiros há milênios."

Tentei afastar aqueles pensamentos e, como todos já haviam chegado, iniciei a reunião:

– Pois bem, estamos aqui para planejar entrar na nave, matar Otto e Adma, salvar Daniela e todas as almas humanas encarnadas nos clones dos alienígenas.

Márcia estava aflita:

– Vocês realmente acreditam que isso vai dar certo? Pode ser muito perigoso...

Jonas cerrou os punhos e disse, exaltado:

– A comissão não tem feito mais progressos! Os abduzidos já fizeram tudo o que poderiam fazer, sozinhos, acordados na nave. Agora não podem mais se mexer, correndo o risco de serem capturados. Temos de tomar uma atitude. Invadirmos a nave parece ser a única solução!

– Jonas tem razão. – disse Fernando – Precisamos tirar Daniela das garras dos ET's e depois matá-los! Com o mapa da nave, estudaremos o melhor percurso para chegarmos aos aposentos de Otto e Adma.

William, sorvendo um chocolate quente em pequenos goles, disse, com voz enfraquecida:

– Excelente. No dia em que Jonas e Fernando alcançarem a nave, flutuando com o cinto, faremos o motim.

Animada, concluí:

– Na hora em que vierem vestir nossos pijamas, esperaremos abrirem a porta da nave para lançar os abduzidos de volta para casa. Aí, Jonas e Fernando entrarão, e levantaremos todos de uma só vez para que possamos dominá-los. Não será difícil, nunca tem mais do que oito ET's na sala.

Jonas continuou:

– Nós nos dividiremos em dois grupos: um acompanhará Fernando à procura de Daniela e dos clones com almas humanas, e o outro virá comigo para atacar Otto e Adma.

– Como vamos achar Daniela? – indaguei – A nave é enorme. Com o mapa, saberemos como chegar aos aposentos de Otto de Adma, mas e Dani? Como localizá-la?

Os olhos de Fernando brilharam com a possibilidade de rever sua amada, e ele falou, esboçando um sorriso:

– O amor que sinto me guiará. Tenho certeza de que vou encontrá-la.

Márcia continuava com expressão preocupada:

– Se Adma for mesmo Andréa, ela poderá estar aqui na Terra na hora do motim.

Elisa esclareceu:

– Toda noite, Andréa chega à minha casa e se recolhe em seu quarto, alegando precisar dormir cedo. Sempre tranca a porta e pede para não ser incomodada, justificando ter o sono pesado. Desconfio que saia pela janela e vá para a nave encontrar Otto. Tenho quase certeza de que ela não fica no quarto.

– Ótimo! – falou Thiago, animado – Agora temos de pensar em como voltar à Terra após o motim. Libertaremos os abduzidos com almas humanas, e pode não haver líquido para borrifar nos corpos de todos...

– É o líquido que permite que flutuemos em segurança de volta para a crosta e que atravessemos a janela de nossos quartos mesmo que elas estejam fechadas. Parece que ele abre um buraco na matéria. – falei – Sem ele, morreremos na queda.

– Não vai ser difícil conseguir o líquido com os ET's dominados – afirmou Nando. – Então está decidido! Só falta marcarmos a data...

Lena, sempre sensata, aconselhou:

– Precisamos de tempo. Temos que contatar mais de 2 mil abduzidos, e Fernando e Jonas devem treinar para possuir total domínio sobre o cinto.

William sugeriu:

– Acho que uma semana será o suficiente.

Todos concordaram, e encerramos a reunião, satisfeitos com as novas possibilidades.

Já havia escurecido quando Lena Lion chegou à sua casa. Sentou-se na varanda para observar as estrelas. Alguns passarinhos que dormiam nas vigas assustaram-se com a sua presença e saíram voando. Ela sorriu e pensou:

"Ainda bem que não existem mais gaiolas. O *voo de uma ave é a coisa mais bonita que ela tem para nos oferecer.*"

Sentiu a presença de seus guias espirituais e concentrou-se, tentando captar o que eles queriam lhe dizer. Fechou os olhos e enxergou um campo de flores; no centro desse campo, viu Clara vestida de branco. Seus cabelos negros voavam ao vento, e seu vulto resplandecia beleza. Um raio de luz veio do espaço e parou sobre a cabeça de Clara, formando em seguida um manto prateado que cobriu todo o seu corpo. A luz se expandia cada vez mais, até que Lena abriu seus olhos, e a imagem sumiu.

"O que será que isso quer dizer?" – pensou, curiosa.

Tomou uma sopa quente e foi se deitar, mas não sem antes mandar uma mensagem para Clara, convidando-a para tomarem o café da manhã juntas no dia seguinte.

Cheguei à casa de Lena antes das oito horas. A porta estava aberta, mas não havia sinal dela. A casa estava em silêncio, apesar de alguns gatos circularem pelo ambiente. A robozinha da casa apareceu me convidando a segui-la até o jardim, onde estava Lena, placidamente sentada, em uma grande cadeira. Ela se levantou assim que me viu chegar.

– Clara, querida, sente-se comigo. Vou pedir à robozinha que nos sirva o café da manhã aqui fora mesmo. Você se importa?

– Lógico que não! – exclamei – Este jardim é lindo e muito agradável. Além do mais, o clima está ótimo.

Sentei-me à mesa e fiquei observando Lena, que tentava afastar uma mecha de cabelo que teimava em cair em sua testa.

– Obrigada por ter vindo, minha querida, sei que é uma moça muito ocupada. Não deve ter tempo para ficar escutando uma velha como eu...

– A senhora é uma pessoa muito sensata. Por isso, sempre terei tempo para escutá-la – respondi com doçura – mas ande, diga logo por que me chamou aqui, está me matando de curiosidade.

Robozinha chegou com uma grande bandeja, que depositou sobre a mesa, retirando-se em seguida. Servi-me de um sanduíche de queijo e de leite achocolatado.

– E então? – insisti – Por que me chamou tão cedo?

– Sonhei com você! – exclamou Lena, animada.

– E o que tem de tão importante nesse sonho?

– Não foi bem um sonho, acredito ter feito contato com meus guias espirituais.

– Continuo sem entender nada...

– Estou achando que a tal "energia" que irá salvar o planeta, de alguma forma, virá de você.

Esfreguei as mãos demonstrando nervosismo e respondi, atônita:

—Eu que acabei de elogiar sua sensatez... Agora vejo que está delirando.

– Desculpe, querida, não tinha a intenção de deixá-la nervosa, mas tive uma espécie de visão. Você estava envolta por uma luz forte, liberando muita energia...

– Nós somos crianças perante a sabedoria Divina, muitas vezes não entendemos direito o que os espíritos superiores querem nos dizer. Você deve estar enganada, Lena – falei, nervosa.

– Aconteceu alguma coisa diferente com você, ontem?

– Por que está perguntando isso?

– Acho que a visão que tive é um aviso.

Pensei um pouco antes de responder:

– Ontem o dia foi normal. Passei a manhã vendo os rapazes aprendendo a voar com o cinto, à tarde fui para a reunião... Espere! Agora me lembro. Ontem pela manhã, antes de ir para a Baixada, esbarrei em um homem muito estranho no Jardim Botânico. Ameacei cair, ele me segurou, e meu corpo estremeceu com seu contato. Fiquei curiosa... Não consegui tirar o homem da minha cabeça.

– Não tem ideia de quem seja?

– Nem imagino, nunca o vi antes...

– Consulte a portaria do Jardim Botânico, eles têm o controle de todos os que entram e saem. A portaria é monitorizada com máquinas que fotografam a íris.

– Isso mesmo! Excelente ideia! – exclamei – Farei isso agora mesmo.

Lena Lion colocou sua mão em minha testa e falou, serena:

– Vá, minha filha, vá seguir o seu destino, reze e escute seu coração. Lembre-se, Deus sabe o que faz. Você mudará o mundo, Clara!

– Não sou capaz dessa façanha, mas daria a minha vida para expulsar esses extraterrestres do nosso planeta!

Não tive dificuldade em conseguir a listagem dos visitantes do Jardim Botânico do dia anterior. Não era muito animador, pois, da lista, constavam 1.678 pessoas. Por meio das fotos das íris, podia-se acessar o *site* de cada um. Removi as mulheres, as crianças, os idosos e olhei atentamente *site* por *site*. Nenhuma foto era a dele. Suspirei desanimada, chequei novamente todos os homens e... nada.

Verifiquei a listagem de funcionários, decepcionando-me mais uma vez.

– "Muito intrigante..." – pensei – "*Como ele entrou no parque sem passar pela portaria?*" – resolvi procurar Lena novamente, mas antes, precisaria passar no *shopping* para olhar alguns acessórios.

Numero do Capitulo Repetido

O Encontro

Otto havia decidido descer à Terra todos os dias. Naquela tarde, resolvera visitar o *shopping* e caminhava tranquilamente enquanto pensava: "Eles são mesmo muito organizados."

Assim que entrei no *shopping*, avistei Otto fantasiado e o reconheci como o homem do Jardim Botânico. Corri ao seu encontro sem saber que ele era o extraterrestre. Interpelei-o de forma não muito educada:

– Gostaria de conversar com o senhor. – postei-me à sua frente, evitando que se esquivasse.

– Pois não. – respondeu ele, com um sorriso.

Assim como no encontro do dia anterior no Jardim Botânico, uma tontura tomou conta de mim e precisei me apoiar no braço dele.

Otto comentou, malicioso:

– Parece que você gosta de cair na minha frente.

Fiz um grande esforço para me recompor e respondi:

– Desculpe o mau jeito, você se lembra de mim, ontem, no Jardim Botânico?

– Como esquecer? Não são todos os dias que mulheres lindas caem perto de mim.

Abri um sorriso amarelo, ignorei seu comentário e continuei:

– Mais uma vez, peço desculpas por abordá-lo tão de repente. Poderíamos tomar um café juntos?

– Não tomo café, mas beberei uma água.

Suspirei aliviada por ele ter aceitado o convite e, enquanto nos dirigíamos para a lanchonete, eu tentava pensar em uma desculpa para tê-lo chamado daquela maneira. Otto me conduziu até uma mesa com vista para o mar e sentamo-nos. Fiquei em silêncio, não sabia o que dizer.

Foi ele quem puxou assunto:

– E então, Clara, em que posso ajudá-la?

– Como sabe meu nome? – indaguei, espantada.

Fixei meus olhos nos dele e senti meu corpo tremer.

– Foi assim que a chamou o rapaz com quem estava ontem, no Jardim Botânico.

– Ah, sim. – respondi, sem graça

– Por que me convidou para tomar um café com você?

Fiquei vermelha como um tomate e respondi com sinceridade:

– Nã-não se-i – gaguejei – Você me parece estranho...

Otto riu, jogando a cabeça para trás.

– Posso lhe garantir que sou normal.

– Me desculpe mais uma vez, não foi isso que eu quis dizer...

– Já é a terceira vez que me pede desculpas, por que não vai direto ao assunto?

– É isto que estou tentando dizer: não tem nenhum assunto.

– Não??? – indagou Otto, elevando a voz.

– Sei lá, nem eu mesma sei. O senhor me impressionou muito.

– Posso interpretar isso como uma cantada?

– Não! Não interprete mal. Eu sinto muito, não deveria tê-lo chamado aqui. Acho melhor irmos embora, desculpe.

– Ora, ora, pare de pedir tantas desculpas. Vamos terminar nossas bebidas em paz, tudo bem?

– Será que nos conhecemos de outra encarnação? – insisti – O senhor me impressiona.

Otto, sabendo da impossibilidade daquela suposição, respondeu, mudando de assunto:

– Já que é assim, pode parar de me chamar de senhor. Meu nome é Cláudio. – mentiu ele.

Eu estava tão transtornada que não percebi a mentira em sua aura. Continuamos tomando nossas bebidas em silêncio, enquanto ele mantinha seus olhos fixos nos meus.

– Você é aqui do Rio? – perguntei, tentando quebrar o clima.

Ele respondeu que não, com um movimento da cabeça, sem desgrudar os olhos de mim. Fiquei ainda mais sem graça, tomei o restante do meu café em um só gole e me levantei.

– Preciso ir embora – falei, enquanto abria minha bolsa à procura de alguns trocados para pagar o café.

Otto segurou o meu braço e disse, autoritário:

– Não se vá. Fique mais um pouco.

Sentei-me novamente, cedendo à força de sua mão. Sempre que ele me tocava, eu não sabia como agir.

Otto voltou a falar, porém agora com delicadeza:

– Você é Clara Azevedo Damasco, médica abdulogista, integrante da comissão da FEO. Sua imagem está em todos os jornais.

Concordei com a cabeça e ele continuou:

– É ainda mais bonita pessoalmente.

Fui pega de surpresa com mais aquele elogio e me levantei novamente, dizendo:

– Preciso mesmo ir embora, não leve a mal.

– Parece que agora sou eu que lhe devo um pedido de desculpas, não quis ofendê-la.

– Tudo bem – respondi baixinho, quase sem voz – mas tenho mesmo de ir embora. Tenho um compromisso.

– Podemos nos ver novamente? – perguntou Otto, levantando-se também.

– Claro, me dê o número de seu CP.

Otto ficou desconcertado, notei que ele não usava um computador no pulso, e isso era fora do comum, porque todas as pessoas e até as crianças tinham um.

– Perdi o meu... – falou, sem jeito.

Identifiquei a mentira em sua aura, mas não quis ser indiscreta com aquele homem que eu mal acabara de conhecer.

– Tudo bem, a gente se vê por aí. – saí apressada sem ao menos olhar para trás, enquanto Otto pensava:

"*Bela feiticeira dos cabelos negros, vou sugar sua alma.*"

Otto estava tão distraído ao voltar para a nave que nem percebeu que Adma havia jogado purpurina energética em sua aura e estava toda perfumada para recebê-lo.

– Meu neném! Onde estava? Mandei que vasculhassem a nave atrás de você, até que me informaram que teria ido à Terra. O que foi fazer lá?

– Estou fazendo algumas análises... – respondeu ele, vagamente.

– Ultimamente você só pensa nos terráqueos. – choramingou Adma, fazendo um biquinho esquisito – parece nem pensar mais em mim.

– Não fale bobagens! Sabe que só tenho você neste mundo.

– Pois então, venha se acasalar comigo! – Adma pulou em cima de Otto se enroscando nele, que se afastou com delicadeza, dizendo:

– Precisamos abduzir aquela Clara com mais frequência.

– CLARA???? – gritou Adma – Por que falar dessa terráquea agora? Por acaso você está interessado nela?

– Você está se tornando ridícula com seus comentários!

A discussão que se seguiu era inevitável e só não durou muito tempo porque foi interrompida por um ET clone, que chamava Otto para ver um problema na casa das máquinas.

Otto saiu, deixando Adma falando sozinha.

Saí do *shopping* ao entardecer e fui direto procurar Lena. Achei melhor evitar ir para minha casa. Como explicar para Marcos o que eu estava sentindo, se nem eu mesma sabia o que estava acontecendo? Lena estava sentada em sua varanda e levantou-se assim que me viu chegar.

– Clara! Que surpresa agradável!

Lena beijou-me carinhosamente no rosto e me conduziu para a cadeira ao seu lado. Fui direto ao assunto:

– Encontrei o homem do Jardim Botânico novamente esta tarde, no *shopping*.

– Ora, parece que o destino está querendo juntar vocês! E então? Falou com ele?

– Tomamos café juntos, ele se chama Cláudio.

– E isso balançou muito você, não é mesmo?

– Está dando para enxergar na minha aura?

– Não preciso enxergar sua aura, Clara, seus olhos estão dizendo tudo.

– Achei que Marcos fosse o meu destino... – falei, desanimada.

Lena segurou meu queixo, erguendo minha cabeça.

– Reaja! A vida prega peças na gente, por isso estamos neste planeta, até há pouquíssimo tempo, de expiação. Ainda temos muito a dever a Deus nos livrando do orgulho e do egoísmo que caracterizou nossa espécie nos séculos passados. Esta é uma Nova Era de regeneração, e temos muitos *karmas* de relacionamentos para viver. Devemos respeito ao próximo, e só Deus sabe quanto ainda vamos encarnar na Terra para evoluir.

Nós, seres humanos, a cada renascimento, obtemos a dádiva divina do esquecimento de vidas passadas, para que possamos tentar corrigir erros das encarnações anteriores, aprendendo a perdoar nossos inimigos e por eles sermos perdoados. As reencarnações sucessivas visando à evolução do espírito são preciosas e devem ser aproveitadas ao máximo no aprendizado do respeito ao próximo e à humanidade. O ser humano tem de aprender a vibrar sua energia na mesma intensidade que Jesus Cristo, nosso Emissário de Deus, e esse é um processo para milhares de anos. Se esse homem apareceu em sua vida, Clara, e está mexendo tanto com você, viva esse sentimento. Não fuja de seu coração!

— Mas, e Marcos? – insisti – A última coisa que quero no mundo é magoá-lo.

— Entendo... E lhe dou razão. É muito ruim magoar alguém, mas há males que vêm para o bem. Portanto, reze para o anjo da guarda de Marcos e peça para que seu anjo da guarda a oriente. Alguma coisa de muito importante está para acontecer na sua vida.

Clara Conversa
com seu Mentor

Cheguei a casa e fui direto para a cama. Adormeci rapidamente e, em poucos instantes, senti meu espírito desprender-se do corpo, mantendo-se ligado apenas por um tênue fio de luz. Olhei meu corpo dormindo tranquilamente e saí em espírito vagando pelas ruas. De repente, vi-me em um jardim maravilhoso cujas flores eram definidas por forte colorido, mais nítido e brilhante do que os vistos nos jardins da crosta. Avistei um senhor alto e magro que caminhava em minha direção; tentei reconhecê-lo, sem sucesso. Não me lembrava de tê-lo visto antes, mas mesmo assim, pareceu-me familiar e chamou-me pelo nome:

– Clara! Por favor, espere! Preciso falar com você.

– O senhor me conhece?

Em vez de responder, o homem aproximou-se e pousou suas mãos em minha fronte. Fechou os olhos e orou em voz alta. Uma sensação de paz invadiu-me o peito. Uma luz forte envolveu-nos, e o homem voltou a falar:

– Meu nome é Francisco José e sou um dos seus guias espirituais. Fui escolhido para orientá-la em sonho, em uma importante missão.

– Que missão? – perguntei, insegura.

– Antes de falarmos sobre isso, precisa conhecer sua história.

– Como assim?

– Me acompanhe, Clara, temos um longo caminho pela frente.

Deixei-me conduzir por Francisco. Chegamos a uma pequena cidade de ruas largas e arborizadas. Pessoas transitavam apressadas. Algumas sorriam e conversavam, outras andavam sérias, cabisbaixas. Francisco permanecia calado, e não aguentando a curiosidade, perguntei:

– Onde nós estamos?

Ele não respondeu; parou em frente a um prédio bem alto e anunciou:

– Chegamos!

Entramos no edifício, e fiquei encantada com a beleza do saguão, provavelmente decorado por um artista de talento imensurável. O movimento de gente entrando e saindo era grande, e uma mulher linda e jovem me chamou a atenção.

A moça estava acompanhada por uma senhora de feições doces, e o que mais me impressionou foi que ela não parava de chorar. A senhora acariciava seus cabelos e balbuciava palavras de consolo. Estavam tão entretidas que nem notaram que eu as observava.

– Francisco, não podemos ajudá-las? – perguntei, penalizada.

Francisco, em tom sério, respondeu:

– A jovem acaba de enxergar sua própria realidade.

– Como assim, sua própria realidade?

– Deus permitiu que ela visualizasse suas vidas passadas. Não existe nada mais difícil para um espírito que olhar para si mesmo e admitir seus erros quando encarnado.

– Todos nós temos de passar por isso?

– Sim, você mesma já esteve aqui várias vezes.

– Mas não me lembro...

– O esquecimento de outras vidas no momento de uma nova reencarnação é uma dádiva. Algumas pessoas se sentem muito culpadas quando percebem o quanto foram inconsequentes perante as leis divinas. Necessitam recomeçar, esquecendo antigas condutas e adversidades. É aqui que entendemos a evolução de nosso espírito. Agora chega de conversa, vamos entrar que já perdemos muito tempo.

Francisco conduziu-me, segurando meu braço com delicadeza. Seguimos em silêncio até um amplo salão iluminado. Pessoas ocupavam poltronas confortáveis, e muitas usavam grandes óculos.

– O que estão fazendo? – indaguei baixinho.

– Você saberá. Sente-se aqui e coloque seu equipamento. Seus óculos estão à sua direita. Não tenha medo, estarei sempre ao seu lado. Se quiser, interrompa, estou aqui para esclarecer suas dúvidas. E então? Podemos começar?

– Si-sim – respondi, receosa.

Vesti o equipamento e me acomodei confortavelmente na poltrona. Um zumbido soou em meus ouvidos, e em segundos, a imagem de um casal discutindo apareceu diante de meus olhos. Eles estavam em um casebre pobre com móveis desgastados pelo tempo. Surpreendi-me ao constatar que eram Marcos e eu em outra vida. Estávamos um pouco diferentes, eu tinha uma estrutura longilínea e meus cabelos eram mais lisos e compridos.

– Sou eu mesma? – perguntei, dirigindo-me a Francisco.

– Sim, nesta vida você e Marcos chamam-se Fred e Júlia. Estão na França, mais especificamente em Paris. O ano é 1537.

– Por que estamos discutindo?

– Está havendo uma grande revolução religiosa na Europa. O alemão Martinho Lutero afixou, na porta da Catedral de Wittemberg, um protesto contra as leis da Igreja Católica, condenando principalmente a venda de indulgências. O francês João Calvino, adepto dos conceitos luteranos, fundou a Igreja Calvinista, com leis ainda mais rígidas e intolerantes. Na França, os seguidores de Calvino foram chamados de huguenotes, e Marcos, como Fred, é um deles. Não era permitido que mulheres participassem das reuniões secretas dos huguenotes, mas você insistia em ir com Fred.

Voltei a prestar atenção na discussão e me indignei quando Fred partiu para cima de Júlia, acertando-lhe alguns tapas.

– Não adianta insistir, Júlia – gritava ele – sou o homem da casa e me deve obediência!

– Não tem como impedir que eu vá atrás de você! – eu, encarnada como Júlia, respondi com firmeza – ficarei do lado de fora da casa de Dom Armando. Vou esperá-lo até o final da reunião.

– Você é louca? Uma mulher não pode ficar sozinha na rua a essas horas! Fique e cuide de nossa filha, pois é essa sua obrigação.

Nesse momento, um cão magro, com o rabo entre as pernas, entrou na sala. Imediatamente, dei-lhe uma vassourada, expulsando-o da casa.

– Sai, cachorro sarnento! Não quero cães vagabundos entrando aqui.

O animal gritou. Uma criança de meses, que dormia em um berço, começou a chorar.

– Maldito cachorro! – praguejei, enquanto pegava o bebê – Você não me engana, Fred, sei que, após as reuniões, vai com outros homens para a casa de mulheres vadias!

– Não seja estúpida! Luto contra as barbaridades da Igreja Católica e, por isso, frequento as reuniões. Coloque-se em seu lugar e faça essa menina parar de chorar.

Olhei com desprezo para a criança em meus braços. Nunca a desejara. Desde que nascera, Fred mudara comigo. Considerava a menina um estorvo. Fred pegou seu casaco e seu chapéu e, enquanto se vestia para sair, falou, preocupado:

– Os líderes católicos estão irredutíveis. A Igreja trabalha nas sombras e deve estar planejando algo contra o partido protestante.

– Acha que podem atacar?

– A qualquer momento.

Fred ficou em silêncio e saiu sem se despedir. O bebê havia parado de chorar e adormecera novamente. Coloquei-a no berço e fui até a janela certificar-me de que Fred já ia longe, em seu cavalo. A noite era de lua cheia e estava bem clara. Voltei-me para o bebê, que dormia um sono profundo. A ideia de seguir Fred não me saía da cabeça. Lembrei-me de D. Anne, esposa de um dos aliados huguenotes. Ela havia comentado que os homens saíam das reuniões e iam se divertir. Fiquei cismada... Fred, com seu jeito taciturno, chegava de madrugada e não me procurava mais. Não perdoava a traição e pouco me importava com a situação político-religiosa da época.

Troquei-me rapidamente e cobri-me com uma capa, de modo que escondesse bem o rosto. O neném dormia profundamente, e se tudo corresse bem, eu retornaria antes que ele acordasse. Saí de casa e fui até a cocheira atrelar minha égua. Dei-lhe várias chicotadas sem necessidade, quando, de repente, escutei um barulho. Instintivamente, escondi-me atrás da porta e fiquei observando pelo vão. Vi quando uns dez homens a cavalo chegaram e rodearam a casa. Eles usavam grandes chapéus com uma cruz branca estampada na frente e estavam armados com espadas presas à cintura. Um deles desceu do cavalo e arrombou a porta. Meu corpo estremeceu, e pensei desesperada em minha filhinha, que ficara sozinha dentro de casa.

Não ouvi minha filha chorar.

Naquela vida, nunca mais ouvi minha filha chorar.

Francisco tirou meus óculos e abraçou-me. Eu estava aos prantos e não sabia o que dizer. Ele me consolava:

– Acalme-se, Clara, todos nós erramos muito na escala evolutiva do espírito. Tudo o que vimos agora aconteceu há quase seiscentos anos!

– Minha filha foi brutalmente assassinada, e a culpa foi minha.

– Se estivesse dentro de casa, seria morta também. Deus a preservou para que vivesse essa provação.

– Viu como eu era ruim? Chutei o cachorro, chicoteei a égua e ainda larguei minha filhinha...

– Muita coisa aconteceu antes e depois dessa época. A vida é um aprendizado, e os fatos são lições; por piores que possam parecer, o propósito é sempre a consciência da presença de Deus.

– Perdoe-me, Senhor, por tanta ignorância espiritual.

– Está melhor agora? E então, vamos continuar?

– Sim, estou mais calma, podemos prosseguir.

Recoloquei meu equipamento e mergulhei novamente no mar de emoções causadas pelas recordações.

Agora eu corria a cavalo por entre as árvores, guiando-me apenas pela luz da Lua.

Os soldados da rainha mataram minha filha e saíram logo em seguida, pensando não haver mais ninguém em casa.

Cheguei tarde demais à mansão de Dom Armando, onde aconteciam as reuniões dos huguenotes. Fred e os outros homens haviam desaparecido. Fui para a cidade e fiquei estarrecida com o que vi. Os soldados da rainha Catarina de Médici, grande defensora do catolicismo e amiga do bispo, em razão de interesses políticos, promoveram o massacre trágico que ficou historicamente conhecido como "A noite de São Bartolomeu".[5]

Centenas de casas haviam sido invadidas. Homens, mulheres e crianças passaram pela lâmina das espadas dos soldados, que matavam impiedosamente e gritavam:

– Exterminem os hereges! Morte aos traidores da rainha!

---

5. Episódio real ocorrido em Paris em 1537

Os que tentavam fugir eram arrastados pelos cabelos e tinham suas cabeças decepadas friamente. Apavorada com tantas visões macabras escondi-me atrás de um monte de feno, olhando cenas que nunca mais seria capaz de esquecer. Um único pensamento me dominava:

"Preciso achar o Fred."

Resolvi tentar voltar para casa, mas como sair e pegar meu cavalo sem ser vista? Dois homens passaram por mim, e escutei um deles dizer:

– Não sobrarão huguenotes vivos em Paris!

Estremeci e me encolhi; mudei de ideia e decidi passar a noite ali mesmo, escondida debaixo do feno.

Amanheceu. Os homens da rainha haviam deixado a vila e retornado para o castelo. Eu estava física e emocionalmente exausta. Olhei ao redor, e o que restava eram corpos mutilados por todos os cantos; e sangue, muito sangue.

Saí à procura de um cavalo que me levasse de volta para casa. Duas horas depois, entrei em casa e encontrei Fred, que ao me ver, levantou a cabeça e me olhou com desdém.

– A culpa foi sua! Por que não fugiu com ela? – perguntou, apontando para a filha morta no berço.

– Eu estava do lado de fora quando os soldados chegaram...

– Do lado de fora? À noite? Fazendo o quê?

– Queria ir atrás de você.

– Você é louca! – gritou ele, dando-me uma bofetada – Deixou que matassem nossa filha. Nunca a quis, não é mesmo?

– Como pode falar isso?

– Cale a boca, infeliz!

Fred acertou outro tapa em meu rosto e empurrou-me, fazendo-me perder o equilíbrio e cair. Levantei meio tonta e falei:

– Eu o amo, Fred.

– Vou embora... Não suporto mais viver ao seu lado.

– Está se aproveitando da ocasião para fugir com outra mulher.

– Só uma pessoa sórdida pode pensar assim.

Fred saiu do casebre sem me dirigir sequer um olhar de despedida. Caí de joelhos e comecei a chorar.

Francisco José aconselhou-me a tirar o equipamento, e suspirei aliviada.

– Que bom que isso tudo já passou. Por que tive de sofrer tanto? Por que Marcos era tão rude?

Francisco, bom e compassivo, acariciou-me, dizendo:

– Sua cabecinha está cheia de "porquês". Às vezes, almas afins necessitam viver situações de sofrimento para refletir sobre seus erros no relacionamento. Nesta encarnação, você maltratava pessoas e animais, desrespeitou o próximo e renegou a própria filha. Foi egoísta e colheu os frutos que semeou.

– Fred e Júlia, ou melhor, Marcos e eu não nos encontramos mais nesta vida?

– Não, nem na próxima.

– E quando voltamos a nos encontrar em corpo físico?

– Vamos para o ano de 1797, na Inglaterra.

Vesti o equipamento de visões reencarnatórias e enxerguei um casal sentado à mesa contando moedas de ouro.

– Conseguimos! – exclamou Marcos, que nesta vida se chamava Paul – Estamos ricos, Mary!

Eu, encarnada como Mary, respondi, com voz trêmula:

– Tenho medo...

– Medo de quê, mulher? O assalto à carruagem foi perfeito.

– Mas você matou um homem.

– Só porque ele reagiu...

Indignada, arranquei meu equipamento:

– Assaltantes? Bandidos assassinos? Não consigo acreditar. Não pode ser verdade, Francisco.

– Vocês poderiam ter sido felizes caso não deixassem a ambição e o orgulho tomar conta de seus corações. Por outras tantas vidas vocês foram roubados, para que sentissem a dor da injúria na pele e gravassem o conceito da honestidade na alma.

– Sim, eu sei, é a lei da causa e da consequência, quem rouba será roubado, quem trai será traído, e assim por diante. Cada ser se engrandece por si mesmo. Vamos continuar assistindo à vida de Paul e Mary.

– Não há necessidade, só quis mostrar que você e Marcos já estão juntos há muitas encarnações, evoluindo lado a lado, em vários sentidos, sentimentais e morais.

– Então, vamos continuar... – insisti, com humildade.

– Não temos mais tempo, Clara, já está amanhecendo...

– Como farei para encontrá-lo novamente?

– Não se preocupe, amanhã, quando adormecer, estarei esperando você.

– E se eu for abduzida?

– A abdução ocorre na fase do sono que precede o fenômeno do desdobramento do espírito. A abdução inviabilizará nosso encontro, porque seu espírito estará na nave. Caso isso aconteça, depois de amanhã estarei ao seu lado.

18

William Acorda na Nave

No dia seguinte, quando acordei, o sol brilhava alto, e Marcos já havia saído. Relutei em levantar-me e, aos poucos, as lembranças dos sonhos reencarnatórios me vieram à mente, embaralhando minhas emoções. Quando recebemos mensagens espirituais por meio dos sonhos, fica difícil divisar a realidade das fantasias criadas pelo nosso subconsciente. Concentrei-me e lembrei-me de Francisco José e de seus conselhos. As imagens eram confusas, e não consegui entender direito as razões daquele sonho. Pensei em Cláudio, em nosso último encontro no *shopping* e decidi procurar Lena. Acionei meu computador de pulso e pedi que ele a chamasse. Lena atendeu, e me surpreendi ao escutá-la dizer que William estava internado.

Apressei-me e saí em direção ao hospital. No carro, esfreguei os olhos, tentando conter as lágrimas, que insistiam em molhar meu rosto. William, meu grande companheiro, estava morrendo. Mais uma vítima dos extraterrestres.

O hospital estava bem movimentado. Márcia me viu chegar e veio falar comigo:

— Por que demorou tanto?

— Acordei tarde, tive um sonho estranho. Como está William?

– Você ainda não sabe? Ele faleceu há alguns minutos.

– Oh! Não! – deixei que meus braços caíssem e desabei em pranto. Estava no limite de minhas forças. Márcia me abraçou e conduziu-me até uma cadeira ao lado de Lena, que também veio me abraçar.

– O que vamos fazer sem ele, Lena? – perguntei, soluçando.

– Temos de seguir em frente, conseguiremos salvar sua alma...

– Tem hora que acredito mesmo que vamos todos morrer sugados pelos ET's.

Lena acariciou meus cabelos e lembrou:

– Existe a tal "energia salvadora" citada nas profecias. Continuo acreditando que tem alguma relação com você.

– Ainda insiste nessa maluquice?

– Não há nada diferente acontecendo com você?

– Esta noite, tive um sonho estranho. Parece que meu guia, Francisco José, queria me dizer algo importante...

Elisa aproximou-se, interrompendo-nos:

– Semana que vem faremos o motim. Temos de tentar trazer as almas de Carptner e William de volta.

– Se Jonas conseguir matar Otto e Adma, todas as almas prisioneiras estarão livres – respondi.

Lena demonstrava preocupação:

– Temo por Jonas, ele irá se arriscar muito.

Elisa tranquilizou-a:

– Jonas é um exímio atirador, e nossas pistolas a *laser* são capazes de desintegrar um corpo em segundos.

– Despistem, aí vem Andréa – cochichou Lena.

Andréa se aproximou, lamentando:

– Que grande perda!

– Pare de fingir! – exclamei, indignada – não vejo sofrimento em sua aura.

– Não seja agressiva, fofa. Eu não conhecia William direito. É natural que não sinta tanto sua morte, mas sei o quanto ele significava para os membros da comissão.

Eu e Elisa nos entreolhamos, desconfiadas, e Lena respondeu:

– Vou levar Clara para tomar água, ela está um pouco nervosa. – Andréa, contrariada, afastou-se, e não a vi mais.

À noite, após o enterro, passei na casa de William, peguei Bóris e levei-o para meu apartamento. Dei-lhe um beijo no focinho e fui me deitar. Demorei a conciliar o sono. Rezei e pedi a Deus que esclarecesse melhor o sonho da noite passada.

William acordou se sentindo muito bem; isto só podia significar uma coisa: havia morrido e estava aprisionado em um corpo de ET. Olhou suas mãos e confirmou sua suspeita; passou a mão em seu rosto, tocou seus lábios, seu nariz, sua boca... Levou um grande susto ao tocar a própria testa e sentir uma mecha de cabelo. Levantou-se assustado para olhar seu reflexo na porta metálica. Deu um pulo para trás ao notar que possuía um corpo de extraterrestre, mas sua vasta cabeleira branca continuava a mesma. Sentou-se novamente, apoiou as mãos em seu queixo e suspirou.

– Sou um ET cabeludo... – falou baixinho, entristecido.

Nesse instante, a porta se abriu, e entrou um ET clone, trazendo uma bandeja de alimentos. O ET olhou para ele, deu um grito, deixou cair a bandeja e disparou a falar em artisiano.

William não entendeu nada quando o extraterrestre partiu para cima dele, tentando, freneticamente, arrancar-lhe os cabelos. Com o susto, o ET não havia fechado a porta. William conseguiu se desvencilhar dele e saiu correndo pela porta entreaberta, com o alienígena vindo em disparada atrás. William seguiu pelo corredor e, após fazer uma curva, chocou-se com outro ET clone que saía de um dos quartos. O ET caiu, meio tonto, e quando olhou para William, levou tanto susto que desmaiou de vez. William entrou para o quarto, puxando pelos pés o alienígena desmaiado. Segundos depois, o extraterrestre que o estava perseguindo também fez a curva, passando direto pelo quarto escuro, sem perceber que sua porta não estava fechada.

Um ET com alma humana levantou-se da cama, acendeu a luz e disse:

— Mas o que está acontecendo? Eu já estava quase dormindo!

— Foi a nossa sorte as luzes estarem apagadas, por isso ele não viu a gente. – falou William suspirando aliviado.

O ET com alma olhou bem para William e começou a rir.

— Você é humano, não é? – perguntou William, ignorando as risadas dele.

— Sim – respondeu ele controlando o riso – estou preso aqui há duas semanas. Chamo-me Túlio, e você?

William falou seu nome, sugerindo, em seguida:

— Vamos fugir! Daqui a pouco, este ET clone sem alma acorda; tire o cinto dele, vamos logo!

Os dois saíram andando pelo corredor, e William orientava Túlio:

— Se me lembro bem do mapa da nave, os aposentos de Otto e Adma ficam logo ali à direita. Estamos na ala terráquea masculina.

— Mas você quer ir logo para a toca dos lobos?

— Iremos para onde então?

— Se você diz se lembrar bem do mapa da nave, vamos para a casa das máquinas, onde ficam os motores. Eu sou engenheiro de foguetes espaciais.

— Ah! Mas isso é muito interessante – respondeu William, animado – Vamos continuar em frente, é um pouco longe daqui.

— E se encontrarmos algum ET? Você chama muito a atenção com esse cabelo!

— Coloque o cinto, assim os clones não o reconhecerão; eles são incapazes de visualizar sua aura.

— Mas, e você?

— Finja ter me capturado. Segure meus braços, espere, deixe-me virá-los para trás. Assim, agora vá me empurrando. Se cruzarmos com um ET e ele perguntar alguma coisa em artisiano, apenas responda:

— #%oo* w&+ O##o.

— Como?

— Quer dizer " Vou levá-lo até Otto." em artisiano.

Túlio olhou para William, desconfiado.

— Quem é você, afinal? Sabe falar artisiano, conhece o mapa da nave e ainda por cima tem essa horrível cabeleira branca.

— Opa! Não precisa falar assim do meu cabelo. Sou William de Oliveira, membro integrante da comissão da FEO.

— Perfeito! Então, Dr. William, vamos para a casa de máquinas, vamos causar uma pane no motor desta joça de nave!

19

Reencarnações

Assim que senti minha alma flutuando acima de meu corpo, que dormia confortavelmente, saí à procura de Francisco José. Ele, que estava à minha espera, abraçou-me e falou:

– Venha, Clara, temos muito a que assistir hoje.

No Centro de Visualização de Vidas Passadas, vesti meu equipamento, ansiosa por conhecer mais detalhes de outras encarnações.

A cena que apareceu diante de meus olhos era de uma menina com pouco mais de quinze anos, deitada de bruços, chorando. O quarto era bem simples e continha apenas uma cama, um armário e uma mesinha.

– Sou eu? – perguntei a Francisco.

– Sim.

– Por que estou chorando?

Fique em silêncio e tente escutar seus pensamentos.

Concentrei-me e me enxerguei como a menina Lara, muito triste, enquanto pensava:

"Não quero ir para o convento. Mamãe disse *ser este o meu destino, mas, definitivamente, não quero ir. Papai não parece se importar. Aliás, nesta casa, só os animais se importam comigo...*"

Eu, encarnada como Lara, havia acabado de escutar o padre dizer para minha mãe:

– Têm certeza de sua decisão, D. Arminda?

– Sim, padre. Estou decidida a mandar Lara para o convento, ela se tornou uma moça e já está atraindo os olhares dos rapazes; tenho medo de que ela se interesse por algum deles.

– Lara ainda é uma menina, não pensa nisso e está indo muito bem no posto de saúde, ajudando os doentes.

– Padre, o senhor sabe muito bem do que estou falando, Lara é filha do pecado e sua alma deve ser entregue a Deus.

– Acha que é correto que ela pague pelos erros que a senhora cometeu no passado?

– Aquele homem me seduziu, e toda vez que olho para Lara, estremeço ao pensar que meu marido um dia possa descobrir que ela não é sua filha.

Eu, encarnada como Lara, comecei a suar frio, fui para o meu quarto e chorei o resto da noite. Aquilo tudo parecia um pesadelo...

O dia seguinte era domingo, e todos acordaram cedo para irmos à missa. No caminho, a roda da carroça soltou-se, e nos atrasamos um pouco. Quando chegamos, a igreja estava lotada, e a missa já havia começado. Mamãe reclamou e puxou papai, tentando chegar mais perto do altar. Fiquei para trás e encostei-me à parede. Um rapaz louro de olhos claros não parava de me observar. Sem graça, abaixei a cabeça. Passamos o resto da missa nos entreolhando e, na hora da saída, ele veio falar comigo:

– Bom dia. Você é Lara, não é?

– Como me conhece? – respondi, com timidez.

– Meu pai esteve adoentado, e você ajudou a cuidar dele no Posto de Saúde; sou filho de Carlos Luxemburgo.

Lembrei-me do simpático senhor grisalho, que tinha crise de bronquite alérgica, e sorri:

ABDUÇÃO – O MISTÉRIO DOS EXTRATERRESTRES | 185

– Ele está melhor? Não o vi na missa...

– Sim. Papai disse que você é uma fada que lhe devolveu a saúde.

Senti a face corar e me afastei, vendo meus pais se aproximarem. Em casa, tranquei-me novamente no quarto. Chorei ao me imaginar isolada em um convento frio, com paredes de pedras. A clausura é contrária às leis naturais; o homem tem de ser produtivo e ajudar o próximo. Apenas algumas irmãs se entregam verdadeiramente à caridade; a maioria se tranca orando apenas com os lábios, sem ouvir a verdadeira voz da alma.

Mamãe entrou no quarto e anunciou:

– Prometi à Santa Rita de Cássia que entregaria você nos braços de Jesus. Vou encaminhá-la para o mosteiro Santana, fica nas proximidades de Porto Alegre. Partirá na semana que vem.

Não respondi nada e caí em profundo abatimento. Não adiantava contestar. Pensei em fugir, mas desisti logo da ideia. Sozinha nas ruas, passaria fome e frio, ainda correndo o risco de ser violentada ou agredida.

No domingo seguinte, procurei por Luís Luxemburgo na missa, mas não o vi. Voltei para casa arrasada; partiria na terça-feira e nunca mais teria a oportunidade de vê-lo. Encerrara-se, nas poucas palavras trocadas com ele, todo o meu sonho de felicidade.

A viagem de trem durou a noite toda e parte da manhã. Na estação, um rapaz com uma carroça me esperava na calçada. Ele me abordou assim que me viu.

– Você é Lara, não é?

– Sim. Como é o seu nome?

– Aristóteles, mas pode me chamar de Grilo.

Assenti com a cabeça e afundei-me, mal-humorada, no banco da carroça, enfrentando mais uma hora de viagem em silêncio. Chegamos à frente de enormes portões de ferro, abertos por um senhor gordo e bochechudo, com as roupas sujas de barro.

— Abra logo esses portões, Jairo! – gritou o garoto.

— Calma aí, Grilo, estas correntes são pesadas.

— Você que é fracote, velho! – Grilo soltou uma gargalhada.

— Olha o respeito, garoto – respondeu Jairo, sorrindo e dando um tapinha na cabeça do menino. Lancei-lhe um olhar triste, e Jairo falou, confortando-me:

— Não se preocupe, mocinha, vai gostar de morar aqui.

— Como sabe que estou triste?

— Está escrito neste rostinho lindo. Você precisa descansar; Grilo a levará para seus aposentos e lá encontrará comida e suas novas vestes. Madre Helena só irá chamá-la mais tarde.

Ao encontrar Madre Helena, tirei o equipamento reencarnatório e falei com Francisco:

— Mas é Lena Lion!

— Exatamente, Clara, madre Helena e Lena Lion são a mesma pessoa. E você não percebeu, mas Jairo é William, e Grilo é seu irmão Fernando.

— Nossa! E Luis é o Marcos, não é? Então, realmente não foi nesta encarnação que eu e Marcos nos entendemos.

— Mas aprenderam muito um em relação ao outro; continue sentindo a vida de Lara.

Madre Helena olhou-me de cima a baixo, examinando-me por alguns segundos.

— Lara – falou ela com voz firme – tem alguma dúvida quanto à sua vocação?

A pergunta me pegou de surpresa e gaguejei ao responder:

— A-acredito que teria sido mais feliz se pudesse ter me casado e tido filhos.

— Gostei de sua sinceridade, são poucas as mulheres que admitem isso quando chegam aqui. Mas me diga, estava apaixonada por algum homem?

A imagem de Luis surgiu em minha cabeça. Não, não poderia chamar aquilo de paixão, nós havíamos trocado apenas algumas palavras.

– Não. – respondi, convicta.

Madre superiora sorriu e prosseguiu, esclarecendo:

– Antes de fazer os votos sagrados, poderá desistir e ir embora à hora que quiser. – Com gestos calmos e carinhosos, iniciou uma palestra sobre as normas do convento. Entregou-me um papel com orientações sobre meus afazeres enquanto dizia:

– Você irá pastorear as ovelhas do rebanho e ajudar com os enfermos no posto de saúde.

Suspirei fundo e falei, aliviada:

– Afinal, minha vida não vai ser muito diferente do que era na casa de meus pais.

Três anos se passaram, e chegara a hora de eu fazer meus votos. Por muitas vezes, eu sentara à sombra de uma árvore e ficara a observar o céu e a natureza. A oração rezada naquele local estava mais perto de Deus do que as ditas entre as paredes de pedras do convento.

Naquele dia, eu estava particularmente preocupada com a situação política da época. O regente Feijó estava descontente com os movimentos que ocorriam no Rio Grande do Sul. Todos temiam uma revolução. Dei-me conta de que o sol já se pusera e de que começava a anoitecer. Voltei correndo, com medo de me atrasar para a sopa, e me espantei ao encontrar um rebuliço no refeitório.

– O que está acontecendo? – perguntei a uma das irmãs.

– Bento Gonçalves invadiu Porto Alegre e obrigou as forças imperiais a deixarem a região; vamos ter uma revolução.

A Revolução Farroupilha[6] já durava quatro anos e ainda estava longe de acabar. Em todo esse período, trabalhei incansavelmente

---

6. Episódio histórico real., *também chamado de Guerra dos Farrapos ou Decênio Heróico (1835 – 1845), eclodiu no Rio Grande do Sul e configurou-se, na mais longa revolta brasileira.*

em prol dos doentes, vítimas da guerra. O hospital era pequeno para tantos feridos, quase todos os dias chegavam novos pacientes. Foi em uma tarde chuvosa, quando eu já estava indo embora, que vi um rapaz chegar gravemente ferido. Sua perna sangrava muito, e corri em sua direção para prestar-lhe os primeiros socorros. Ele estava desmaiado, e quase desmaiei também ao perceber que era Luis, o rapaz da Igreja. Pedi para Grilo chamar o Dr. Adel com urgência. Fiz um torniquete e consegui conter a hemorragia.

Dr. Adel chegou e elogiou meu trabalho:

– Ele parou de sangrar, você salvou a vida deste homem.

– Vamos levá-lo ao centro cirúrgico. – falei, nervosa.

Dr. Adel examinou-o e garantiu-me que teria chances de sobreviver.

Fui embora antes que ele acordasse e, naquela noite, não consegui conciliar o sono.

No dia seguinte, cheguei apressada ao hospital.

– Doutor, com licença, é sobre aquele paciente de ontem, com o tiro na perna...

– Ah! Sim! O nome dele é Luis Luxemburgo. Retirei a bala ontem mesmo. Ele está bem. Devagar, irá se recuperar.

Parei à frente de Luis e fitei-o. Ele levou apenas alguns segundos para me reconhecer:

– Lara Lopes? É você mesma ou a guerra também afetou minha cabeça?

Fiquei sem graça e respondi, sorrindo:

– Sim, Luis, sou eu, Lara.

– Mesmo vestida com este hábito, continua linda...

Fiquei ainda mais sem jeito e mudei de assunto:

– Mamãe mandou-me para o convento. Eu não queria vir, mas agora, acho que minha mãe estava certa e que é este o meu caminho.

– Fico feliz em vê-la. – respondeu ele, com ternura.

Dr. Adel se aproximou e declarou:

– De agora em diante, Lara, você cuidará de Luis, fará os curativos e administrará os medicamentos.

Enquanto escutava as prescrições do Dr. Adel, senti o olhar fixo de Luis me observando. Seguindo as instruções, mediquei Luis em silêncio, voltando a falar apenas para me despedir.

Nas semanas que se seguiram, as coisas mudaram. Luis e eu passávamos horas conversando. Falávamos sobre política e religião, discutíamos sobre a revolução e a prisão de Bento Gonçalves. Sua recuperação era lenta e, após dois meses, Luis começou a ensaiar seus primeiros passos.

Um dia, ao se apoiar em mim para tentar andar, não aguentou seu próprio peso e caiu. Tentei ajudá-lo, mas acabei caindo também. A proximidade de nossos corpos me fez estremecer, e Luis respirou fundo. Tentei me levantar, mas ele segurou em meu braço.

– Irmã Lara... Não suporto mais chamá-la assim. Lara, um nome tão bonito... Uma moça tão bonita. Não pode encerrar sua vida em um convento.

Desvencilhei-me dele e coloquei-me de pé, ajudando-o a se levantar.

– Sente-se aqui, Luis, hoje fez mais esforços do que deveria.

– Não mude de assunto, Lara, você já fez seus votos?

– Não, quando estava prestes a fazer, estourou a guerra, e a partir daí, não houve mais nenhuma solenidade de iniciação.

– Pois então venha comigo. Mais algumas semanas e estarei recuperado. Casaremo-nos na capital e seremos felizes. Amo você, Lara.

Segurei as mãos de Luis e falei, fitando seus olhos:

– Não vamos nos precipitar.

Fui para o convento e me deitei. Aquela era a decisão mais difícil da minha vida.

Por seis anos, acreditei que meu futuro estava naquele lugar. Outras vezes encarei o convento como uma paralisação da vida. Critiquei as freiras que lá se isolavam e se entregavam à oração. Oração não é só palavra, é também sentimento. Porém, durante a guerra, aprendi o quanto poderia ser útil ajudando os doentes do hospital. Afinal, ali, sentia-me realizada cuidando dos animais e das pessoas. No decorrer daqueles anos, havia revisto alguns de meus antigos conceitos sobre as freiras, tendo encontrado, no Mosteiro Santana, mulheres guerreiras, amigas por toda a eternidade. Inspirei e expirei todo o ar dos pulmões repetidamente. Senti meu corpo relaxar e acabei adormecendo.

Acordei e fui direto para o hospital, antes mesmo do horário do café da manhã. Grilo reclamou:

— Por que tão cedo, Lara?

— Ande logo com essa carroça, Grilo. Não vê que estou com pressa?

Luis me esperava, ansioso. Chamei-o para a varanda, para que pudéssemos conversar com mais privacidade. Segurei as mãos de Luis e olhei-o de frente.

— Não quero que fique magoado comigo, mas não posso ir com você, não posso abandonar o hospital.

— Sei que é muito útil aqui, mas pense bem, um dia a guerra irá acabar...

— A guerra já dura quatro anos e nem sequer está perto de terminar. Mas mesmo que acabe, e se Deus quiser, será logo, eu não irei com você, meu lugar é aqui, ajudando o próximo.

Tirei meu equipamento e olhei para Francisco, espantada.

— Eu amava Luis, por que não fui embora com ele? Tem hora que nem eu mesma me entendo...

Francisco respondeu, esclarecendo:

— Medo de mudar radicalmente de vida. Insegurança, apenas isso. Você estava acomodada e preferiu desistir do amor de Luis a lutar por ele. Em outras encarnações, vocês viveram juntos essa mesma situação. Em algumas vidas, foi ele quem teve de aprender a abdicar de outros afetos por você.

A vida é assim, Clara. Deus nos oferece quantas oportunidades forem necessárias para corrigirmos nossos erros. Vocês precisaram renascer inúmeras vezes, para aprender, juntos, a importância da entrega total como única forma de se atingir a plenitude amorosa. Quero que entenda a sua história com Marcos, seus erros e seus acertos. A ligação entre duas almas que escolheram viver juntas por um grande período de reencarnações é sagrada.

A aura de Francisco José se iluminou, e ele prosseguiu com doçura:

– Em outras vidas, Clara, você se tornou uma idealista, disposta a lutar por causas sociais. Em 1886, era uma dedicada abolicionista; no fim do século XX, era veterinária e defendia os direitos dos animais. Em 2031, militou na Revolução do Bem.

– E o Marcos?

– Também era um ativista. Somente na encarnação passada Marcos e você atingiram a plenitude amorosa. Antes disso, evoluíram em outros aspectos morais.

– E agora?

– Está de parabéns, Clara! Vocês não têm mais *karmas* de relacionamento para cumprir. Ficar ou não com Marcos faz parte de seu livre-arbítrio.

Quando acordei, lembrei-me de meu sonho e entendi que deveria conversar com Marcos. Porém, o motim estava marcado para a próxima noite. O clima era de expectativa e insegurança. Decidi deixar minha conversa com ele para o dia seguinte.

O Motim

Eu estava entre os abduzidos que fingiam dormir na nave, esperando, ansiosos, a hora do ataque aos alienígenas. Senti meu coração bater mais forte. Cerrei os olhos e vi mais de trinta humanos deitados.

– "Vai ser fácil" – pensei – "estamos em maior número.".

Os ET's terminaram de vestir nossos pijamas e, quando abriram a porta da nave, Jonas e Fernando entraram, e nós nos levantamos todos ao mesmo tempo. Partimos para cima dos extraterrestres, tentando dominá-los. Eles eram extremamente ágeis, e a situação estava mais difícil do que o esperado. Os artisianos clonados pulavam como loucos pela sala e emitiam sons horripilantes. Jonas e Fernando sacaram suas armas e começaram a atirar. Acertaram dois ET's, que caíram inertes. Corri para tirar-lhes os cintos pretos e entreguei-os para Fernando. Os outros ET's fugiram.

Jonas gritou:

– Eles devem ter ido buscar ajuda, vamos sair daqui!

Saímos da sala e nos dividimos em dois grupos. Fiquei com Jonas, e seguimos com mais quinze abduzidos à procura dos aposentos de Otto e Adma. Fernando, antes de sair, notou que uma gaveta havia sido aberta durante a confusão, contendo dois *chips*. Enfiou-os no bolso, seguindo com seu grupo à procura de Daniela e das almas prisioneiras.

Em seu quarto, Otto e Adma discutiam:

– É claro que a comissão está desconfiada de você! Não consegue enxergar isso, Adma?

– Realmente está tudo muito parado...

– Se desconfiarem que você é Adma, tentarão matá-la.

– Sei me defender, meu rei.

– Os humanos são mais espertos do que imaginávamos.

– Bobagem, fofo, eles são tontos e grotescos.

– Não os subestime. – falou Otto, em tom sério.

Adma abraçou Otto se enroscando nele, e já iam começar a vibrar, quando entramos. Jonas abriu a porta com o comando do cinto. Pulamos todos juntos para cima de Otto e Adma. Começamos a lutar. Jonas atirou em Adma. Um tiro certeiro, direto no coração, matando-a e desintegrando-a em segundos. Otto, furioso, conseguiu pegar sua arma e atirou em Jonas. Tentei impedi-lo, segurando em seus braços. Mas já era tarde demais: Jonas desintegrou-se rapidamente. Otto virou-se e apontou a arma para a minha cabeça. Pensei que ele fosse atirar, mas de repente, ficou estagnado e fitou meus olhos.

– Clara... – balbuciou ele – É você!

Não entendi o que o ET queria dizer, mas senti meu corpo estremecer e perdi os sentidos por alguns instantes. Otto me fez refém e conseguiu fugir, desaparecendo por entre as dezenas de corredores da nave.

Já me sentia melhor quando Otto entrou em um quarto, jogou-me sobre uma cadeira e gritou:

– Vocês mataram minha mulher! O que será de mim agora?

Por um instante, senti pena dele. Sua pele estava ressecada e pálida, e sua expressão demonstrava profunda tristeza. Um silêncio lúgubre tomou conta do ambiente, e não ousávamos sequer trocar um olhar. De repente, Otto levantou-se e, com um gesto brusco, falou:

– Vou até o banheiro, preciso imergir!

Aproveitei sua ausência e tentei fugir, mas a porta estava trancada. Sentei-me novamente, sem saber o que fazer. Otto retornou, vinte minutos depois, bem mais revigorado. O espírito de Adma entrou no quarto, porém não notamos sua presença. Adma colocou as mãos nos ombros de Otto e sussurrou em seu ouvido:

– Estou aqui, meu rei; estarei sempre ao seu lado. Vamos derrotar os terráqueos!

Otto, sugestionado, explodiu de raiva:

– Irei embora deste planeta, mas antes, matarei todos vocês!

– O que pretende fazer? – perguntei, receosa.

A resposta de Otto foi contundente:

– Vingarei a morte de Adma e voltarei para o espaço.

– Mas Adma agora é um espírito. Por que não deixa que ela renasça na Terra?

Adma, que escutava atenta, fez cara de nojo ao se imaginar em corpo de humana.

– O espírito de minha mulher está na nave e aqui vai ficar. Vocês não o levarão para as dimensões da Terra. Nenhum espírito consegue entrar na nave. Possuímos uma proteção energética que a tecnologia de vocês desconhece. Um espírito pode transpor as paredes para sair da nave, mas jamais conseguirá entrar.

Adma bradou, nervosa:

– Prefiro viver o resto da vida em espírito a renascer humana!

Otto, sem ouvir Adma, prosseguiu:

– Destruirei o planeta Terra e sairei à procura de Athus, o Emissário artisiano de Deus. Aliás, era isso que Adma e eu deveríamos ter feito desde o início...

– Mas é praticamente impossível localizar um Emissário específico na imensidão do espaço sideral. Por que não aceita fazer parte de nosso planeta?

– Nunca! – respondeu Otto, elevando a voz.

– Me manterá como sua prisioneira?

– Pare de fazer perguntas. Vocês, mulheres, são todas iguais! Sejam terráqueas, sejam artisianas.

– Engraçado, Otto, ouvindo você falar, tenho a impressão de que já o conheço. Como pode ser?

Otto fixou seus olhos nos meus, e senti o coração disparar.

– Meu Deus... – falei devagar, medindo as palavras – Agora estou entendendo tudo. Sua voz... Seus gestos... Seu olhar... Você é o Cláudio?

Minhas pernas tremeram, e procurei a cadeira, para me sentar novamente.

– E você continua querendo cair na minha frente.

– Por que está me perseguindo?

Otto, com um sorriso cínico, respondeu:

– Não a estou perseguindo. Você é um belo exemplar de fêmea humana, e sua inteligência e sua aura me atraem. Estava apenas me distraindo.

Não consegui falar nada, sentia-me confusa e desorientada.

Otto saiu do compartimento em direção ao escritório, deixando-me sozinha. Lá, teria uma visão geral da nave por vídeos com imagens digitalizadas em tempo real, porém, mal conseguia prestar atenção. Não via outra opção a não ser desistir de tudo e ir embora do planeta Terra. Precisava encontrar seu Emissário de Deus para que Adma pudesse renascer. Pensava em levar Clara consigo; ela seria uma boa companhia. Adma, que estava ao seu lado, percebeu suas intenções e ficou roxa de ciúme.

– Sim – reafirmou Otto – levarei Clara; com Adma morta não terei com quem conversar, e Clara me distrai. Irei embora o mais rápido possível.

Adma, possessa, gritava:

– Vou matar a estúpida da Clara! Otto é meu e nunca será de outra mulher.

Otto, sem escutar os berros de Adma, saiu do escritório e dirigiu-se à casa de máquinas para checar os motores. Ele estava decidido:

– Irei embora amanhã pela manhã, destruirei o planeta Terra e levarei Clara comigo.

Levou um choque ao perceber que o motor estava danificado.

– Mas como? Os terráqueos não tiveram tempo para isso durante o motim. Faltam peças essenciais, e várias conexões estão cortadas! Malditos humanos! Mas como fizeram isso? Foi trabalho de um profissional. Levarei semanas para consertar o estrago.

Otto deu um murro na parede e gritou:

– Malditos humanos!

Do outro lado da nave, Fernando usava o cinto preto para abrir as portas dos alojamentos e libertar os clones com almas humanas. Estava cada vez mais desesperado à procura de Daniela, quando viu uma luz no final de um dos corredores. Caminhou na direção da visão, e a luz sumiu, aparecendo novamente mais adiante. Fernando seguiu a luz por alguns minutos, até que ela parou em frente a uma porta; fixou os olhos na luz e divisou o espectro de Jonas, que disse:

– Entre e encontrará o que procura.

Fernando, emocionado, entendeu que Jonas estava morto e lhe indicava o quarto de Daniela. Nervoso, abriu a porta com o comando do cinto e, de fato, encontrou-a sentada, encolhida em um canto. Ela ergueu a cabeça e, ao vê-lo, jogou-se em seus braços, chorando.

– Nando, como conseguiu chegar aqui?

– Venha comigo, meu amor, vamos fugir!

– E as almas prisioneiras?

– Estão livres. Vamos para a porta da nave. Temos de sair o mais rápido possível!

Perto da saída da nave, os abduzidos, acompanhados das almas humanas em corpos clonados de ET's, lambuzavam-se com o líquido quente e saltavam no espaço em direção à crosta. Pessoas flutuavam de volta para suas casas. Na Terra, a presidente foi avisada e, imediatamente, projetou-se no céu para tranquilizar a população sobre o retorno de seus parentes em corpos de extraterrestres. Fernando, Daniela e João Carlos Carptner chegaram juntos e encontraram Elisa que, emocionada, chorava de felicidade.

O espírito de Jonas saiu da nave, transpondo as fortes paredes metálicas, e encontrou outros seres espirituais, que o conduziram à colônia espiritual "Nosso Lar".

Na crosta foi decretado feriado, e as pessoas festejavam a volta de seus parentes, entre chocados e curiosos por eles estarem em corpos tão estranhos. Elisa, abraçada a João Carlos, Fernando e Daniela, foram juntos para a reunião na FEO, convocada com urgência.

Thiago reagiu nervoso quando soube da morte de seu irmão. Fernando ficou arrasado e chorou ao saber da captura de Clara. Lena tentava animá-los.

– Existe a tal "energia salvadora". Recebi um aviso de meus guias espirituais de que a energia estaria, de alguma forma, ligada à Clara.

Todos se entreolharam, espantados. Márcia virou-se para Lena e perguntou:

– Acredita mesmo nisso?

– Creio que não foi por acaso que William e Clara ficaram na nave...

Thiago interrompeu, ansioso:

– Vamos ao CURSO conversar com Célia. Preciso saber notícias de meu irmão.

Fernando sugeriu que Márcia, Thiago e Lena fossem para o CURSO, enquanto o restante da comissão estudaria os novos *chips* trazidos por ele.

Célia recebeu-os em um jardim esplendoroso. A folhagem variava de tons tênues ao verde-musgo, fazendo a paisagem parecer encantada. Sentaram em um caramanchão protegido do sol, e Célia serviu um suco de ervas.

– Viemos atrás de notícias do espírito de Jonas. – disse Lena – Estamos preocupados e ansiosos para saber o que aconteceu.

Célia, com um sorriso sereno, respondeu:

– Ele está em "Nosso Lar".

– Graças a Deus. – falou Thiago, aliviado.

Márcia abraçou-o, beijando-lhe o rosto com carinho. Célia continuou narrando os fatos com calma:

– Sua alma não ficou na nave. Os espíritos não conseguem transpor as paredes externas da nave para atingir seu interior, mas as almas que estão dentro, sem corpo físico, podem sair normalmente.

– Você consegue se comunicar com Jonas? – perguntou Márcia.

Célia fez uma pequena pausa, respirou fundo e continuou:

– Não consegui me comunicar diretamente com ele, pois no momento, Jonas está sob efeito de sonoterapia para recuperar sua energia. Seu corpo físico foi gravemente ferido por Otto, deixando cicatrizes também em sua alma. Apesar de muitas vezes demonstrar cinismo e ironia, Jonas era um homem bom e morreu corajosamente defendendo nosso planeta.

– E Adma?

– A alma de Adma não saiu da nave.

Márcia esfregou as mãos e perguntou, aflita:

– E agora? O que faremos?

Célia respondeu, solene:

– Sábio é quem tem consciência de sua ignorância perante Deus. Aconselho-os a esperar.

Thiago balançou a cabeça, consternado.

– Esperar a ira de Otto...

– Calma, Thiago. – interveio Lena – Célia tem razão, devemos ser otimistas e confiar na sabedoria Divina.

Lena levantou-se e abraçou Célia.

– Obrigada por tudo, querida, desculpe-nos por tomar seu tempo.

– Daria todo o meu tempo de presente para você, querida. Venham quando quiser – respondeu Célia, afetuosa.

Lena sorriu, e eles se despediram.

Ao voltarem para sede da FEO, encontraram todos trabalhando com afinco na análise dos novos *chips* trazidos por Fernando.

– Que bom que chegaram! – exclamou João Carlos – Pela cor de suas auras, parece que estão mais tranquilos.

– Sim! – disse Márcia – Jonas está em Nosso Lar!

Elisa abraçou Thiago.

– Jonas está sendo assistido por companheiros espirituais; acredito que logo poderá voltar a nos ajudar, mesmo estando em outra dimensão.

Fernando estava animado.

– Não vão acreditar no que descobrimos! Já traduzimos alguma coisa do *chip*! Venham ver.

Todos se acomodaram à frente do espaço para projeção, e Fernando começou a falar:

– Temos nas mãos o Livro Sagrado Artisiano!

– É a Bíblia deles! – exclamou João Carlos, excitado.

– Descobrimos que Artísia era um planeta de expiação. – prosseguiu Fernando – Possuíam um Emissário de Deus que se chamava Athus. Não são tão evoluídos quanto imaginávamos.

Márcia falou, comovida:

– Fico aliviada em saber que o Emissário de Deus do planeta deles era tão bom quanto Jesus.

Elisa passou as mãos na cabeça de Márcia e acariciou seus cabelos, elucidando:

– Márcia, querida, não existem Emissários melhores ou piores; assim como Jesus, são seres que atingiram a imagem da perfeição Divina.

Márcia abaixou a cabeça, envergonhada.

João Carlos Carptner, com a agilidade de seu novo corpo de ET clone, levantou-se e foi até um espaço lateral onde estavam projetadas algumas fórmulas.

– Vejam este outro *chip*. É toda uma explicação sobre condensação de energia e a travessia de portais no espaço . Como pode um povo em estágio de expiação possuir tanta tecnologia?

– A evolução de um povo é moral. – explicou Elisa – Os avanços tecnológicos dos artisianos foram fantásticos, o que permitiu que Otto e Adma viessem para a Terra. Eles vieram atraídos pela vibração energética de nosso planeta, que é similar à da extinta Artísia. Afinal, éramos de expiação até o século passado, e ainda nascem alguns "Ottos" e "Admas" por aqui.

– Sim – concordou Carptner – uma pequena percentagem da população de nosso planeta está em estágio evolutivo moral inferior, como os extraterrestres.

Fernando mudou de assunto:

– Temos também, no *chip*, mais informações sobre o cinto preto. Trouxemos dois cintos do motim e poderemos voltar à nave para salvar Clara e William, que estão desaparecidos.

ABDUÇÃO – O MISTÉRIO DOS EXTRATERRESTRES | 201

– Não há mais nenhuma alma prisioneira em corpo de clone na nave?

– Segundo informação que acabei de receber, apenas uma, a de um engenheiro mecânico, chamado Túlio, não chegou a casa. Na nave, durante o motim, percorremos toda a ala feminina e a masculina e abrimos todas as portas. É estranho, mas esse tal de Túlio, assim como William, não estavam nos quartos.

– Vamos continuar a tradução. – falou Thiago – Pode ser que consigamos mais informações.

A comissão passou o resto do dia estudando, e mesmo cansados, finalizaram a tradução dos dois *chips* trazidos por Fernando.

Thiago falou:

– Usar o cinto é como colocar o mundo na cintura! Além de podermos voar, o cinto cuida de nossa saúde, realizando o tempo todo exames físicos e da aura! Faz análises bioquímicas de nosso sangue, mede pressão, temperatura, batimentos cardíacos e movimentos respiratórios. Também avisa sobre nossas necessidades nutricionais e nosso estado emocional!

João Carlos interrompeu:

– E a transposição de memória? É fantástico! Posso escolher qualquer assunto, colocar um *chip* no cinto e em alguns segundos me tornar doutor. As informações do cinto são imediatamente transferidas para nossa memória!

– Precisamos começar a fabricar esses brinquedinhos aqui na Terra! – falou Thiago, sorrindo.

– Não temos, no *chip,* o programa que esclarece a sua confecção. Nossa dificuldade está em conseguir condensar a energia necessária; as fórmulas são confusas...

– Vamos tentar voltar à nave. – sugeriu Thiago – Agora temos quatro cintos, e Otto está sozinho.

Elisa balançou a cabeça, desanimada:

– Não acredito que Otto continue as abduções nem que nos deixe entrar. Deve haver alguma maneira de o cinto abrir a porta principal da nave.

– Essa informação parece estar propositalmente oculta nos *chips*, acredito que por uma questão de segurança dos ET's.

– Então nós não sabemos como abrir a porta e não temos como saber – concluiu Márcia.

Lena retrucou:

– Pare com esse pessimismo, Márcia! Vamos encerrar a reunião e ir para nossas casas descansar. Amanhã voltaremos a nos falar.

21

De Volta para Casa

Otto entrou no quarto de repente, assustando-me. Andou em minha direção, e eu recuei. Ele sorriu.

– Não precisa se assustar, bela feiticeira, não tenho coragem de fazer mal a você.

– O que pretende, Otto?

Ele ignorou a pergunta, mudando de assunto:

– Algum amiguinho seu entrou na casa de máquinas e danificou o motor da nave. Teremos de permanecer aqui por mais algumas semanas.

– Vai mesmo embora da Terra? – perguntei, aliviada com a notícia do atraso.

– Sim, vou procurar meu Emissário de Deus para que Adma possa renascer em corpo artisiano.

Arrisquei perguntar:

– Sozinho?

– Não, levarei você comigo.

– Eu não irei! – exclamei, categórica.

Otto deu um murro na mesa e disse, elevando a voz:

– Quem decide as coisas por aqui sou eu, mocinha!

Tentei manter a calma e falei, com voz doce:

– Por que não fica na Terra? Jesus aceitará integrá-lo na energia do planeta.

Otto se aproximou, passou a mão em meus cabelos e falou com voz firme:

– Será minha companheira no espaço.

Eu hesitava entre ficar perto dele e me afastar. A alma de Adma parou entre nós e me empurrou:

– Saia de perto de meu marido, sua bruxa!

Adma gritava sem ser ouvida. Inconscientemente, senti sua presença e dei dois passos para trás. Porém, não consegui desviar meu olhar dos grandes olhos negros e amendoados do ET, que me observavam. Otto voltou a se aproximar e segurou minhas mãos. Um calor invadiu meus *chakras*. Não seria capaz de descrever a emoção que senti.

A alma de Adma, de tanto ciúme, pulava pelo quarto como uma rã enlouquecida. Procurei a cadeira e sentei-me novamente. Otto se agachou à minha frente, colocou as mãos em meu joelho e perguntou:

– Porque está me evitando, bela feiticeira?

Tirei suas mãos e respondi:

– Por favor, não me toque.

– Por que não? Tenho certeza de que sente o mesmo que eu. Nós estamos atraídos um pelo outro; pensei que esse tipo de emoção fosse comum entre machos e fêmeas de sua espécie.

– Exatamente – falei, recuperando as forças – é comum entre homens e mulheres da minha espécie, não com outros seres!

– Está se mostrando preconceituosa, Clara. Esse não é um sinal evolutivo correto.

O espírito de Adma, que a essa altura havia adquirido uma cor vermelha-arroxeada de ciúme, pulou com tanta força em cima de Otto que ele se desequilibrou. Aproveitei a oportunidade para levantar-me da cadeira e me afastar.

– Vá embora, Otto, por favor, deixe-me sozinha.

Otto, recompondo-se, respondeu, com voz firme:

– Está bem, não quero forçá-la. Irei embora e voltarei mais tarde para continuarmos nossa conversa.

Suspirei aliviada vendo-o sair e sentei-me na cama, pensativa. Nunca me sentira, antes, tão abalada.

Adma parou ao meu lado emitindo energia negativa, fazendo que me sentisse mal. Acabei cochilando. Meu espírito se desprendeu do corpo e visualizei o espírito de Adma. Começamos a discutir:

– Vá embora e largue meu marido! – gritou ela.

– Mas eu quero ir embora! É ele que não deixa.

– Está tentando seduzi-lo!

– Eu??? Está enganada, Adma, é ele que me mantém prisioneira.

– Não tente me enganar, sua sirigaita.

– Se quer tanto que eu volte para a Terra, por que não me ajuda a sair da nave?

Adma calou-se e refletiu:

"Pensando bem, é isso *que tenho de fazer, tirar a sirigaita da nave!*"

Adivinhando seus pensamentos, exclamei:

– Descubra alguma forma de me mandar de volta à crosta!

Adma chegou bem próxima aos meus ouvidos e sussurrou:

– Não adianta tentar me enganar, queridinha, ou acabarei com você.

Soltou uma gargalhada estridente e virou-se, saindo do quarto. Relaxei e caí em sono profundo. Quando acordei, não me lembrava do sonho nem do contato com o espírito de Adma, mas estava mais calma e mais otimista.

Adma saiu atrás de Otto e encontrou-o na cabine de comando da nave. Ele admirava o firmamento. Adma tentou ler seus pensamentos e ficou furiosa ao enxergar Clara.

"*Então ele realmente está interessado nela!*"

Otto pensava, distraído:

"Mesmo com um corpo desengonçado e grotesco de ser humano, Clara me atrai. Gost*aria de tê-la em meus braços.*"

Adma, bufando de raiva, saiu da cabine e vagou pela nave.

Perto do salão, ouviu um falatório e foi ver o que era. Passou por clones sem alma que se acotovelavam, querendo chegar mais à frente, e se surpreendeu com o que viu.

– Mas é um clone cabeludo! Com vasta cabeleira branca! De onde surgiu isso?

Chegou mais perto e escutou William gritar:

– Me soltem, seus clones estúpidos! Quero sair daqui!

William esperneava tanto que os ET's clones estavam ficando cada vez mais assustados.

– Me soltem! Meu nome é William, sou humano em corpo de ET clone. Não sei por que mantive cabelos, mas com certeza, a culpa é de vocês!

Adma, ao escutar o nome de William e ver sua cabeleira, concluiu logo que ele era da comissão da FEO.

"Então o amiguinho de Clara está na nave. Que sorte! Ele poderá me ajudar a tirá-la *daqui.*"

Os ET's levaram William para um quarto, e ele jogou-se na cama, exausto. Antes de pegar no sono, sorriu feliz pelo estrago que Túlio e ele fizeram no motor da nave. –"Túlio está usando o cinto e conseguiu escapar dos ET's *clones. Logo virá me libertar.*" – pensou.

Foi dormir pensando em Clara. Na hora do motim, estava na casa de máquinas, mas, ao sair, soubera da fuga em massa, da morte de Adma e da captura de Clara por meio dos ET's clones, que falavam nisso o tempo todo. Adormeceu tentando imaginar uma forma de salvá-la.

Em sonho, a alma de Adma conseguiu se comunicar com William, que, meio a contragosto, aceitou falar com ela.

– O que quer de mim, seu espírito de porco?

Adma, ignorando a ofensa de William, foi direto ao assunto:

– Olhe, temos o mesmo objetivo, que é tirar Clara da nave. Eu posso guiá-lo até ela.

– Agora? – perguntou William, animado.

– Agora, somente em espírito, mas amanhã, terá de ir em corpo físico para salvá-la.

– Então vamos! Estamos perdendo tempo.

A alma de Adma e a de William, em desdobramento, transpuseram as paredes metálicas do quarto e saíram volitando pelos corredores da nave. Ao chegarem ao quarto onde Otto me mantinha prisioneira, Adma parou e apontou-me. Eu estava dormindo em sono profundo.

Adma falou:

– Tente se comunicar com ela.

William fechou os olhos e se concentrou, porém não percebi sua presença, pois sonhava com Otto. Ele se mostrou desanimado:

– Não consigo me comunicar com Clara.

Adma respondeu, emburrada:

– Consegui falar com ela hoje mais cedo, logo que adormeceu. Agora, a devassa está sonhando com meu marido, por isso não percebe que estamos aqui.

– E com Otto, consegue se comunicar em sonho?

– Não; pelo mesmo motivo, ele também só pensa nela.

– Bom, pelo menos, agora sei onde Clara está. Vamos voltar para meu quarto, retornarei amanhã em corpo físico.

– Vocês, humanos idiotas, costumam se esquecer dos sonhos quando acordam.

– Não se preocupe. Eu me concentrarei ao máximo para que isso não aconteça.

No dia seguinte, William acordou com um ET clone entrando em seu quarto.

– Bom dia! Trouxe sua refeição. – falou ele em artisiano.

William olhou para a bandeja que continha apenas café e um pedaço de pão e resmungou:

– As coisas já foram melhores por aqui...

O ET tocou no cinto e passou a falar em português:

– Otto está furioso com a morte de Adma. Falou que qualquer clone com alma humana que tivesse restado na nave era para deixar morrer de fome.

– Então, por que me trouxe comida?

– Não está me reconhecendo, companheiro? Sou o Túlio! Não enxerga minha aura?

William apertou os olhos e fixou a energia de Túlio.

– É mesmo! Você tem aura! Por que entrou falando artisiano? Vejo que já sabe usar o cinto.

– Vi que você não me reconheceu e quis fazer uma brincadeira.

– Desculpe, amigo, acordei meio zonzo, e afinal, os corpos físicos dos clones são absolutamente iguais.

– Apenas você difere pela cabeleira. Agora, chega de conversa, e tome logo seu café. Precisamos achar sua amiga que o ET fez de refém; já estou sabendo do motim e do sequestro.

– Espere – William deu o último gole e depositou o copo novamente sobre a bandeja – tenho a impressão de que sonhei com Clara e com o espírito da extraterrestre.

– Fez contato com elas?

– Não sei, não me lembro bem. Pode ser apenas uma impressão, ou uma intuição... Mas venha, siga-me, vamos por ali.

William saiu do quarto, seguido por Túlio, e foi percorrendo os inúmeros corredores da nave.

Já bem perto do quarto onde eu estava, viram Otto se aproximar e se esconderam. Otto passou por eles e entrou no quarto, deixando a porta entreaberta, possibilitando que William e Túlio ouvissem nossa conversa.

– Não irei para o espaço com você. Não pode obrigar-me – falei, contrariada.

– Não quero obrigá-la. Mas poder, eu posso.

– Todos os artisianos são assim petulantes? Você me irrita, Otto.

– Acho que tem uma quedinha por mim...

Otto, com um movimento rápido, puxou-me pela cintura e beijou-me apaixonadamente. A princípio, tentei resistir, mas fui vencida pela emoção que tomou conta de meu corpo. Nossa energia vibrava em perfeita sintonia. William e Túlio, que haviam se aproximado, olharam pelo vão da porta e ficaram boquiabertos.

– Você está vendo o que eu estou vendo? – balbuciou William.

Túlio respondeu, pouco à vontade:

– Estou, mas não consigo acreditar que eles estão se beijando! Parece que sua amiga nos traiu.

– Não prejulgue Clara, ela deve ter seus motivos para agir dessa maneira.

– E agora, o que faremos? E se ela não quiser fugir?

– Não há motivos para se preocupar. Confie em Clara, mesmo que as coisas possam parecer estranhas...

William ficou em silêncio, pensando:

"Sim, lembro-me de meu sonho agora. Adma quer que eu tire Clara da nave, por isso me ind*icou o caminho. Deve estar possessa de ciúme.*"

Adma, que o tempo todo acompanhara Túlio e William, sorriu satisfeita:

— Parabéns, Cabelo de Algodão! Não é tão burrinho quanto imaginei.

Em seguida, Adma entrou no quarto e começou a socar as costas de Otto com vigor, tentando fazê-lo se afastar de mim. Otto recuou um pouco, e eu perguntei:

— O que foi?

Otto voltou a me abraçar e respondeu:

— Nada. Uma leve dor nas costas, mas já passou, venha comigo.

Otto segurou-me pelas mãos, e já íamos saindo do quarto quando William e Túlio pularam à nossa frente. Reconheci William imediatamente, por causa da cabeleira. Ele segurou Otto e gritou:

— Corra, Clara! Fuja!

Saí correndo sem rumo pela nave. Ouvi um tiro, seguido do barulho de um corpo caindo, e parei. Olhei para trás, e o outro ET clone que acompanhava William gritou:

— Não pare! Otto acertou William, não há mais o que fazer. Corra! Vamos fugir.

— Espere! Precisamos salvar William – falei, desesperada.

— Não entende, Clara? Otto o matou, e agora virá atrás de nós. Vamos logo!

Corri de mãos dadas com Túlio em direção à saída da nave.

— Estou com o cinto. – falou Túlio – Conseguiremos flutuar de volta para a crosta. Agarre-se a mim!

Às dez horas da manhã, Marcos estava em casa vendo um filme aromatizado em 3D com Perlo e Estrelinha em seu colo e Bóris a seus pés.

Não prestava muita atenção no filme. Seus pensamentos estavam longe, concentrados em Clara, que estava prisioneira na nave. Perlo lambeu suas mãos e ganiu baixinho, entendendo seu sofrimento. Marcos afagou-o e disse:

— É, Perlo, sua "mãe" está presa na nave, e só nos resta rezar para que nada de mal lhe aconteça.

ABDUÇÃO – O MISTÉRIO DOS EXTRATERRESTRES | 211

Na mesma hora, Perlo pulou do colo de Marcos, correndo e latindo pela sala. Parou em frente à janela e ficou olhando fixo, abanando o rabo com vigor. A gata Estrelinha espreguiçou-se e foi atrás dele, saltitante. Marcos, curioso, andou até a janela, seguido de Bóris. Olhou para o céu e ficou pasmo ao ver Clara flutuando em direção a casa, abraçada em um ET.

– Meu Deus! – exclamou Marcos, assustado.

Entrei pela janela com Túlio. Marcos me abraçou e comecei a chorar.

– William morreu. – falei pesarosa.

– De novo!!???

– Tenho medo de que seu espírito fique preso na nave.

– O espírito de Jonas já está em "Nosso Lar". – contou Marcos.

– Graças a Deus!

Túlio, que até então não se manifestara, falou:

– Isso prova que os espíritos não conseguem entrar na nave, mas conseguem sair.

– Que Deus o ouça, Túlio... E proteja William.

– Mas o que aconteceu? – perguntou Marcos.

Lembrei-me do beijo de Otto e abaixei a cabeça, envergonhada.

Resumi a fuga para Marcos e pedi para ele avisar a comissão e a minha mãe de que estava tudo bem.

Tentem marcar uma reunião para hoje, às 18 horas. Agora preciso sair. Vou à casa de Lena.

– Clara!!! – gritou Lena surpreendendo-se ao ver-me – Você conseguiu fugir! Como está?

– Estou bem – falei, abraçando-a – só um pouco tonta.

– Então, sente-se.

Lena me levou até uma poltrona onde havia um gato dormindo. Cutucou-o e disse:

– Dê licença, Frajola querido, deixe Clara sentar.

O gato espreguiçou-se, olhou-nos com cara de sono e continuou deitado.

– Não precisa se preocupar, Lena, nós dois ficaremos bem na poltrona.

Sentei-me meio de lado e cruzei as pernas. Lena chamou a robozinha da casa e virou-se em minha direção.

– Está melhor? Quer alguma coisa, uma água? Um suco?

– Estou bem, Lena, aceito uma água. – respondi, acariciando o gatinho, que ronronava, feliz.

– Conte logo, Clara, como conseguiu fugir?

– De certa forma, Adma me ajudou.

– Mas Adma não está morta?

– O espírito de Adma guiou William até mim. William sim, salvou-me, porém foi morto por Otto durante a fuga. Túlio, uma alma humana em corpo de ET, que estava com William, tinha um cinto, e conseguimos fugir. Ele contou-me tudo na viagem de volta para a Terra, inclusive que William e ele danificaram o motor da nave e Otto não tem como ir embora nas próximas semanas.

– Nossa! Quanta novidade! Só uma coisa me intriga. Por que Adma a ajudaria?

– Ela está com ciúmes de mim com o Otto.

– Ciúmes de você? Não estou entendendo...

– Lena, lembra-se daquele homem do Jardim Botânico?

– Claro! Aquele que a deixa tonta. Você se encontrou com ele no *shopping* também, não foi? O nome dele é Cláudio, não é?

– Sim, esse mesmo. Ele e Otto são a mesma pessoa.

Os olhos de Lena brilharam, e ela levantou-se, animada:

– Agora eu entendo tudo! Deus, o bom mestre, ensina com simplicidade...

– O que quer dizer, Lena?

– Não entende? É o amor que está nascendo entre Otto e você que salvará o planeta!

ABDUÇÃO – O MISTÉRIO DOS EXTRATERRESTRES | 213

– Mas como posso amar um extraterrestre?

– "O coração tem razões que a própria razão desconhece" – respondeu, sorrindo.

– Mal posso acreditar que isso está acontecendo comigo.

– Já falou com Marcos?

– Está louca, Lena? Como posso falar isso com ele? Estamos juntos há várias reencarnações. Não sei como ele vai reagir.

Lena afastou uma mecha de cabelo e falou, pensativa:

– Antes de você ser capturada, comentou comigo que estava tendo sonhos reencarnatórios.

Concordei com a cabeça, e ela continuou:

– E o que diziam exatamente esses sonhos?

– Foram todos relacionados com a minha vida amorosa; basicamente, mostraram minha trajetória com Marcos.

Lena, boa como sempre, acariciou-me, dizendo:

– Então, algo de muito especial está acontecendo com você. Vá para casa, Clara. Reze e durma. Peça ajuda e orientação para seus guias. E acalme-se. Deus sempre sabe o que faz.

Seguindo o conselho de Lena, voltei para casa e fui direto para meu quarto. Eram 13h. Olhei-me no espelho. Estava pálida e aparentava fadiga. Ignorei as recomendações médicas que piscavam no espelho interativo, assim como os avisos da robozinha da casa, que alertavam sobre a necessidade de providenciar compras virtuais. Exausta, tomei um rápido banho, deitei-me e não demorei muito a pegar no sono.

Francisco José veio ao meu encontro e beijou-me a testa.

– Ouvi suas preces e estou aqui. Estarei sempre ao seu lado, basta me chamar.

– Obrigada por ter vindo, Francisco, não suporto mais essa situação. Vivo uma luta interna constante e não sei como agir...

Francisco afagou meus cabelos com carinho e disse:

– Em nossos últimos encontros, mostrei-lhe fatos ocorridos no passado. Mostrei-lhe também como foi duro seguir o caminho da evolução ao lado de Marcos. Entre lutas e dissabores, alegrias e tristezas, vocês, juntos, enfrentaram obstáculos e aprenderam a amar o próximo acima de tudo, respeitando as diferenças e vencendo os preconceitos. Atingiram a plenitude amorosa no ano de 2036. Atualmente, não possuem mais *karmas* juntos, estando os dois livres para seguir outros caminhos.

– Você quer dizer... – parei no meio da frase, sem ter coragem de completá-la.

– É isso mesmo que está pensando, Clara. Você foi abençoada e designada para uma importante missão. O amor que nasceu em seu coração por esse alienígena pode salvar nosso planeta.

Francisco José fez uma pausa e olhou em meus olhos. Abaixei a cabeça e permaneci inerte, muda, com medo de meus pensamentos.

– Não precisa sentir medo. – falou Francisco, afetuoso – Jesus nos aconselha a resolver os problemas com amor, que é nossa principal capacidade de produzir energia.

Comecei a chorar e escondi o rosto com as mãos. Francisco me abraçou e ficamos em silêncio por alguns instantes, até que falei, comovida:

– Não sei o que pensar, estou confusa...

– É natural. É tudo muito novo para você e para todos os terráqueos. Mas tenha forças, Deus é dono da verdade absoluta.

– Mas como devo agir? E Marcos? E Adma?

– Calma. Uma pergunta de cada vez. Sua missão é fazer Otto entender que a evolução energética de um espírito o faz conseguir atingir dimensões superiores da Terra ou de qualquer outro planeta. Para o espírito, o tempo não existe, e as almas mais evoluídas conseguem deslocar-se no espaço. Obtive a informação de que Jesus está disposto a reintegrar os artisianos em nossas dimensões.

Otto viveria na crosta, por possuir corpo físico, e Adma seria levada a uma colônia espiritual até que esteja preparada para renascer. Você, Clara, com muito carinho, deverá esclarecer ao extraterrestre que, se ele atingir um estágio evolutivo superior, poderá escolher entre ficar na Terra ou seguir o Emissário artisiano de Deus, só depende dele, mas para isso, precisa continuar o processo evolutivo por meio das reencarnações.

– Sinto-me insegura, não sei se sou capaz, não sei se terei forças para enfrentar Adma.

– Adma é pouco evoluída e poderá exercer uma influência maléfica em seu relacionamento com Otto.

– Mas Otto é um grosso, não sei nem por que eu gosto dele.

– Na verdade, apesar de não parecer, Otto é flexível, e o que ele sente por você é mais forte do que seus impulsos destrutivos. Tenha calma, Clara, e reze. Lembre-se de que não está sozinha, Jesus está ao seu lado.

O espírito de Francisco desapareceu em meio a um brilho branco-prateado, mas deixou a certeza de que eu trilhava o caminho da paz e de que deveria seguir em frente.

22

Revelações

Acordei e olhei espantada para o relógio: tinha dormido a tarde inteira, e já estava quase na hora da reunião. Sentia-me bem mais disposta e arrumei-me rapidamente. Cheguei à sede da FEO, e todos já estavam me esperando, ansiosos. Lucas e Túlio, assim como Elisa e João Carlos, possuíam corpos de ET's clones e, com agilidade superior à da raça humana, vieram me cumprimentar. Os outros vieram logo atrás, entusiasmados.

– Clara! Que bom que está aqui! – Nando me abraçou e me cobriu de beijos – mamãe está louca atrás de você. Sumiu a tarde inteira depois que chegou da nave!

– Como conseguiu fugir? – perguntou Márcia, com curiosidade demonstrada na aura.

Eu estava sem graça de assumir meus sentimentos por Otto e olhei para Lena, que fez sinal com a cabeça me incentivando a falar.

Respirei fundo e disse pausadamente:

– Otto, o extraterrestre, está interessado em mim.

– Interessado como? – quis saber Carptner – Por favor, Clara, explique-se melhor.

– O espírito de Adma me ajudou a fugir da nave, ela sente ciúme do interesse de Otto por mim...

| 216 |

ABDUÇÃO – O MISTÉRIO DOS EXTRATERRESTRES | 217

Fernando levantou-se e começou a andar de um lado para o outro.

– Continuo sem entender nada...

– É difícil contar toda a história, mas vou tentar. Tudo começou aqui na Terra, mais precisamente no Jardim Botânico, antes de eu ser capturada.

Fiz uma pausa, e Nando exclamou, adivinhando:

– Foi aquele homem! Lembro-me bem do dia em que o encontramos, antes de irmos para a Baixada treinar voo com o cinto preto!

– Exatamente, Nando. Na ocasião, o homem me impressionou muito, e na mesma semana, encontrei-o novamente no *shopping*. De certa forma, ficamos amigos.

Silenciei-me, sem coragem de continuar a narrativa. Lena, vendo-me constrangida, assumiu a situação:

– Por certo, Clara ainda não teve tempo de conversar com Marcos, e não seria delicado, de sua parte, deixá-lo fora dessa história.

– Lena tem razão – respondi, ansiosa – gostaria que Marcos estivesse presente.

– Então vamos chamá-lo! – exclamou Daniela.

Em menos de dez minutos, Marcos entrava na sala de reunião da FEO, com ar preocupado.

– O que aconteceu? Clara, você está bem?

– Está tudo bem – respondi – por favor, sente-se aqui e escute o que tenho a dizer.

Esperei que ele se acomodasse e retomei a palavra:

– Eu estava contando a eles, Marcos, que há pouco tempo, conheci um homem que me impressionou e me deixou intrigada. Por duas vezes nos encontramos casualmente.

Marcos mexeu-se, incomodado, mas manteve-se calado, e eu continuei:

– O homem exerceu um fascínio sobre mim e comecei a viver uma luta emocional interna. Conversei com Lena e ela aconselhou-me a pedir ajuda para meu guia espiritual. A partir de então, comecei a ter sonhos reencarnatórios reveladores que esclareceram todo o meu processo evolutivo ao lado de Marcos.

Olhei para Marcos com carinho, caminhei até ele e dei-lhe um beijo na testa.

– Amo você e serei grata para sempre por tudo o que me ensinou em todas as encarnações que vivemos juntos.

Marcos levantou-se e me abraçou:

– Também amo você, Clara. Entendo o que está passando porque recebi um aviso de meu guia. Vivemos juntos até aqui e completamos uma etapa, mas agora devemos recomeçar nossas vidas em caminhos diferentes.

Meus olhos se encheram de lágrimas e abracei Marcos com ternura. Após alguns segundos, afastei-me e falei, decidida:

– Antes que continue a contar o que aconteceu comigo na nave, gostaria de pedir à Lena para descrever suas premonições na época em que ocorreram os meus encontros com Cláudio, o homem do Jardim Botânico.

Lena piscou o olho para mim e começou a falar:

– Já havia comentado com vocês que a "energia salvadora" do planeta estava mais próxima de nós do que imaginávamos.

– Sim, lembro-me bem – comentou Márcia – chegou inclusive a falar que Clara poderia estar envolvida nessa história.

– Exatamente, Márcia – prosseguiu Lena – recebi o aviso de um anjo sobre a "energia salvadora", hoje sei que essa energia é o amor. O amor entre Otto e Clara!

Fernando levantou-se e disse, nervoso:

– Vocês estão de brincadeira? Quer dizer que minha irmã vai namorar um ET?

Olhei para Marcos, que se mantinha de cabeça baixa, e falei, envergonhada:

– Não é tão simples assim. Lena está exagerando. Confesso que realmente me sinto atraída pelo extraterrestre, mas Jonas matou Adma, e Otto está furioso. Ele quer ir embora e me levar com ele para o espaço.

– E você quer ir? – perguntou Daniela, espantada.

– Não! A Terra é o meu lar. Aqui é onde estão as pessoas que amo.

Márcia adiantou-se:

– Quem sabe as profecias que eu trouxe possam ajudar Clara?

– Vamos vê-las! – disse Thiago.

Carptner usou a parede mais próxima como tela plana auxiliar e pediu ao computador que projetasse a primeira profecia.

1 *"A energia do novo poderá salvar a humanidade. O bem enfrentará a obsessão do mal e do resultado da luta depende a paz."* (Arlindo Pinheiro Ano 2017).

2 *"O amor gera vida, gera energia, gera paz. A inveja e o ciúme geram a obsessão que mata o amor. O perigo virá do espaço, e o futuro da humanidade dependerá da vitória do novo."* (Tais Flamel Ano 2032).

Lena apontou para a tela e falou, animada:

– Observem que as profecias citam as palavras "novo" e "obsessão". Para mim, está tudo muito claro! A energia que pode salvar o planeta é a gerada pelo amor entre Otto e Clara! Que é o novo. Só que esse amor pode ser destruído por Adma, que é a obsessão.

– Faz sentido – observou Elisa, pensativa, olhando para a imagem da nave alienígena monitorada no céu terrestre.

Carptner acrescentou, concluindo:

– Com todo esse avanço tecnológico, os artisianos devem possuir armas de grande potencial destruidor. Se Otto não ficar com Clara, ele poderá querer acabar com o planeta.

Lena Lion completou, interrompendo Carptner:

– Nossa luta agora é espiritual! Temos de afastar Adma para que Otto e Clara possam viver uma linda história de amor.

Márcia suspirou, e eu perdi o controle:

— Agora vocês querem me empurrar para o extraterrestre! Quem disse que eu quero viver uma história de amor com ele? Acho que estão forçando a barra na interpretação das profecias...

Marcos me abraçou, consolando-me:

— Calma, Clara, ninguém quer forçar nada.

— Desculpe — falou Lena — é que realmente pensei que você estivesse interessada nele. Seus olhinhos brilham, e sua aura se ilumina quando fala em Otto.

— Eu é que peço desculpas — falei, desviando os olhos de todos — é tudo muito novo para mim, e estou confusa...

— O que diz seu coração? — indagou Daniela, colocando a mão em meu ombro.

Sem ter coragem de levantar a cabeça, respondi:

— Otto mexe com meus sentimentos. Ao lado dele me sinto frágil, mas não sei se estou preparada para esse relacionamento.

— Você já ficou com ele? — perguntou Fernando, carrancudo.

Olhei para Marcos e fiquei sem graça de responder.

Lena interveio, percebendo que eu fazia força para não chorar.

— Temos de afastar Adma. Seu espírito é hoje o nosso maior obstáculo. Precisamos de ajuda espiritual, devemos voltar ao CURSO.

Respirei fundo, agradecida pela intervenção de Lena, e falei:

— Se ao menos conseguíssemos nos comunicar com o William...

— O que estamos esperando? — perguntou Lucas — Vamos logo falar com a Célia!

Fomos para o Centro Religioso e encontramos Célia à nossa espera.

A anfitriã cumprimentou todos com um sorriso.

— Sei que vieram à procura de notícias do campo espiritual.

— Estamos preocupados com a alma de Adma, ela pode obsediar Clara.

– A luz espiritual que protege Clara não deixará que Adma exerça grandes influências sobre ela. Adma poderá trazer problemas, mas o desafio maior será controlar Otto, para que não vá embora, leve Clara consigo e destrua o planeta. Otto foi derrotado por nós terráqueos em seu projeto do roubo de almas. Ele é orgulhoso e pode querer se vingar.

– Célia – falei, pensativa – hoje à tarde me comuniquei com meu guia Francisco José durante o sono. Ele aconselhou a tomar cuidado com o espírito de Adma...

Célia sorriu, concordando.

– Sim, conheço Francisco, excelente pessoa por sinal, é quase um anjo; não demora muito para que ele reencarne novamente e cumpra sua última missão na crosta.

– Ele pareceu categórico ao afirmar que o espírito de Adma era uma ameaça.

Célia suspendeu uma de suas sobrancelhas e respondeu:

– Sinceramente, não sei o que Francisco quis dizer. Pode ser que Adma interfira de outra forma...

Esfreguei as mãos, demonstrando preocupação, e falei:

– Será que não conseguiríamos fazer contato com William? Ele deve saber quais são as intenções de Adma.

– Nenhum espírito consegue entrar na nave, mas William consegue sair, se quiser. Como aconteceu com Jonas...

– Espíritos evoluídos tentaram várias vezes transpor as paredes da nave. – lembrou Thiago – Na época, supôs-se inclusive que tivesse um revestimento energético capaz de impedir a entrada dos desencarnados; uma barreira intransponível até mesmo para os anjos.

– Isso mesmo, Thiago, é um fluido energético liberado pela nave e que nós, terráqueos, não conseguimos entender...

Lucas falou, pensativo:

— Eu é que não consigo entender como um povo tão pouco evoluído moralmente pode possuir tanta tecnologia...

— Lucas — interrompeu Lena — não julgue os habitantes de Artísia por Otto e Adma. Assim como na Terra, existiam em Artísia espíritos em diferentes estágios de evolução. Eles estavam no final de uma era de expiação, muito próxima do estágio evolutivo da Terra, por isso foram atraídos para cá.

— Apesar de poucas, ainda existem entre nós, terráqueos, pessoas cumprindo *karmas* de orgulho, egoísmo e falta de respeito ao próximo, aos animais e à natureza. — falou Túlio.

— Acredito que neste momento não temos mais nada a fazer. — disse Márcia, com expressão de tristeza.

Daniela segurou suas mãos e fitou-a:

— Não desanime, Márcia, devemos perdoar Otto e Adma e tentar ajudá-los a evoluir suas almas.

Elisa levantou-se, consternada.

— Otto ainda vai, mas aquela Adma é difícil de engolir.

— E o que vamos fazer? — perguntou Nando.

Célia sorriu e concluiu:

— Francisco tem razão, Adma, em espírito, pode ser perigosa, mas não como obsessora de Clara. Ela deve ter outros planos.

Senti um calafrio e, desculpando-me, pedi para ir embora. Todos entenderam. Marcos se ofereceu para me acompanhar, e saímos juntos do CURSO.

23

Adma E William

Na nave, a alma de William olhou para seu corpo físico inerte estirado no chão e viu-o desintegrar-se rapidamente sob efeito da arma a *laser* usada por Otto. Entendeu que seu espírito estava livre, pairando no interior do veículo espacial, mas não percebeu que Adma o observava. Disposto a sair dali, William transpôs a parede do cômodo onde estava. Adma, que o seguia, parou ao seu lado e falou:

– Muito interessante! Quando um humano morre, mesmo estando em corpo de artisiano, recupera sua aparência original.

William virou-se, assustado:

– Quem é você?

– Não me reconhece, bebê?

– Adma?

– "Euzinha". Você me deve um grande favor. Ajudei-o a salvar Clara, lembra?

William passou a mão em sua cabeleira branca e suspirou:

– Nós humanos derrotamos vocês e acabamos com seus planos. Irei embora da nave e não devo nada a ninguém.

– Espere, Algodãozinho, vou com você.

– Algodãozinho!!????

– Seu cabelo é muito interessante... Parece algodão. É MUITO FOFO.

William ignorou as palavras de Adma e, virando-se, transpôs outra parede, onde parou para observar uma sala cheia de imagens. Adma foi atrás e continuou falando:

– O melhor é ficar na nave e me ajudar.

William perdeu a paciência e gritou:

– Por que eu deveria ajudar você?

– Não fique nervoso, queridinho, você tem muito a ganhar me escutando.

– Pois o que você tem para falar não me interessa! Dispenso sua companhia e estou indo embora.

– Nã nã não. Vai ficar e me ajudar!

– Ah! O que é isso? Uma piada?

– Veja bem, Otto quer destruir a Terra e levar a sirigaita da Clara para o espaço.

– E como eu poderia impedir, ficando na nave?

– Otto só pensa na bruxa e, por isso, não consigo me comunicar com ele.

– E eu com isso?

– Talvez consiga influenciá-lo. Otto tem de saber que estou ao seu lado. Você poderia obsediá-lo.

William reagiu, nervoso:

– Sua lagartixa ridícula! No meu planeta, já não existem mais obsessores, e eu não me prestaria a esse papel.

– Você quer ou não quer salvar sua amiguinha Clara?

Neste momento, Otto entrou apressado na sala e sentou-se. Várias imagens de Clara apareceram, e ele ficou a observá-las.

– Viu? – falou Adma – Ele está enfeitiçado por ela!

– E você está se roendo de ciúmes.

– Não interessa o que estou sentindo. O fato é que, se não fizermos alguma coisa, ele a levará para o espaço.

– Então vou para a crosta tentar avisar Clara.

– Cabecinha de Algodão, parece que ainda não entendeu o quanto Otto é perigoso. Sem abduções e mantendo a porta fechada, vocês não terão acesso à nave. Somente Otto e eu conhecemos a forma de abrir a porta da nave de fora para dentro usando o cinto. Isso não está descrito nos *chips* de memória. Não terão como matá-lo, como fizeram comigo. Otto pode sugar Clara, destruir a Terra e ir embora assim que consertar o defeito do motor. Temos pouco tempo e, se não agirmos juntos, nós dois sairemos perdendo, Algodãozinho.

– Pare de me chamar de Algodãozinho!

– Por quê? Gosto de seus cabelos, parecem-se com o *poodle* da Clara.

– Olha, Adma, deve haver outro jeito de salvar Clara, e eu não vou ficar aqui ouvindo os planos malucos de uma intrigueira ridícula.

– Tem um plano melhor? – perguntou Adma, com ironia.

William permaneceu calado, e Adma continuou:

– Se você obsediasse Otto, poderia influenciá-lo...

– Já lhe disse que não existem mais espíritos obsessores na face da Terra.

– Até outro dia tinha...

– Há mais de cinquenta anos! Fique quieta, Adma, preciso pensar.

– Se a Nuvenzinha de Algodão pensar muito, poderá esfumaçar o cabelo.

William ignorou a piadinha de Adma e aproximou-se de Otto, que mantinha os olhos fixos nas imagens de Clara. Chegou bem perto e sussurrou em seu ouvido:

– Otto, você tem de esquecer Clara!

Otto continuou normalmente olhando as imagens. William virou-se para Adma e disse:

– Ele é incapaz de sentir minha presença.

– Vocês humanos têm a memória curta, nem parece que eram de expiação até poucos anos atrás. Não se lembram do que faz um espírito obsessor? Pois vou refrescar suas ideias. Preste atenção: um ser encarnado só se deixa influenciar quando sua aura energética possui um campo vibratório similar ao do espírito obsessor.

– Quer dizer que para conseguir me comunicar com Otto preciso vibrar na mesma frequência que ele?

– Agora sim, Algodãozinho está ficando inteligente. Dessa forma, logo será promovido a Cotonete.

– Pare de me colocar apelidos! Você é insuportável! – disse William, com rispidez.

– Entenda que temos um objetivo em comum: não queremos que Otto leve Clara para o espaço.

– E por que você mesma não passa a obsediá-lo?

– Ah! Santa paciência! Já falei que não estou conseguindo vibrar na mesma frequência que ele. Será mais fácil para você.

– Então admite que sou mais evoluído!

Adma respondeu, com expressão de desagrado:

– Em alguns aspectos... Tente de novo, veja se consegue fazê-lo sentir sono.

Aceitando a sugestão de Adma, William encostou sua boca no ouvido de Otto e sussurrou devagar:

– Otto – você – está – com – sono.

– Continue. – incentivou Adma.

– Otto – você – está – com – sono.

Na quinta vez que Willian falou, Otto bocejou.

– Você conseguiu, Algodãozinho!

Adma afagou os cabelos de William, que se afastou, enojado.

Otto levantou-se e foi para o quarto descansar. Deitou-se em sua cama e ficou pensando em Clara.

Na crosta, em meu quarto, após uma reconfortante noite de sono, senti-me mais disposta e saí para visitar minha mãe. Cheguei à casa de mamãe e encontrei-a conversando animadamente com Nando, sentados à mesa de café. Quando me viu, correu e me abraçou, chorando:

– Clara, querida! Graças a Deus conseguiu fugir dos ET's! Quase me matou de tanta preocupação. Não fizeram nada de mal a você na nave, não é?

– Estou ótima, mãe, e com muita saudade de você. Desculpe não ter vindo ontem.

Beijei-lhe o rosto, afagando seus cabelos.

– Mãe, não sei se Nando já comentou com a senhora sobre Otto...

Nando fez sinal negativo com a cabeça e retirou-se, deixando-nos à vontade. Mamãe arregalou os olhos e perguntou:

– Otto? O extraterrestre?

– É... Ele está interessado em mim.

– Interessado como, minha filha?

– Ele quer me namorar.

– Oh! Isso é demais para meu coração... Por favor, pegue minhas bolinhas da homeopatia ali na estante.

Entreguei o remédio para mamãe e prossegui, medindo as palavras:

– Como a senhora já sabe, Adma desencarnou, e Otto está sozinho.

– Não sei o que dizer...

– Não precisa falar nada, apenas me escute. Quando conheci Otto, ele estava disfarçado de ser humano, eu não sabia que ele era um ET. Fiquei tão impressionada que pedi ajuda a meu guia espiritual. Em sonho, Francisco José me atendeu. Explicou-me que meus *karmas* com Marcos estavam encerrados, e eu poderia viver outro relacionamento. Quando fui capturada na nave, descobri que Otto e o homem que havia conhecido eram a mesma pessoa. E a senhora sabe, não é, mãe? A gente não manda no coração...

— Ah, minha filhinha querida, só quero vê-la feliz. Não quero parecer preconceituosa, mas acha mesmo que daria certo esse relacionamento entre você e um ET?

— Estou com dificuldade em aceitar a situação. Mas, quando chego perto dele, só penso em me jogar em seus braços.

— Parece que essa história é mesmo séria. Mas confio em Deus. Não se preocupe, filha, você merece toda a felicidade do universo.

Abracei minha mãe e beijei seu o rosto, falando com carinho:

— Você é a melhor mãe do mundo!

Clara e Otto

O dia seguinte amanheceu quente, apesar do início do inverno. Abri a janela e senti a brisa agradável do mar em meu rosto, respirei fundo e sorri. Pensei em Márcia e Thiago, que se casariam às 16 horas.

Peguei uma xícara de café e fui para a varanda. Olhei para o céu, e a nave estava lá, imóvel, imponente. Pensei em Otto e tive vontade de reencontrá-lo. Sabia agora que ele, como os terráqueos, era um espírito traçando seu caminho evolutivo; possuía erros e acertos, precisando de apoio e carinho nos momentos difíceis. Os artisianos, assim como os humanos, almejavam a felicidade eterna e buscavam a evolução por meio de reencarnações.

Olhei novamente para a nave e suspirei. Ansiava revê-lo, conversar com ele, abraçá-lo... Mas como? Só me restava esperar que ele descesse à Terra e me procurasse. Fiquei por quase uma hora na varanda, perdida em meus pensamentos, e só sai quando o computador chamou. Eram os Carptners, avisando que passariam em meu apartamento à tarde, para que fôssemos todos juntos para a Igreja.

A capela do CURSO estava lotada de parentes e amigos dos noivos. Já eram 16h10min, e Márcia estava atrasada. Thiago esfregava as mãos, ansioso. Enfim, a noiva chegou. Márcia estava deslumbrante, e Thiago olhou-a embevecido, admirando sua beleza.

A cerimônia ocorreu tranquila, e não consegui deixar de derramar algumas lágrimas de emoção. Lembrei-me de meu casamento com Marcos e da minha certeza, na época, de que nosso relacionamento seria eterno. As palavras "para sempre" e "nunca" enganam a gente...

Olhei para os convidados, e meu coração gelou. Estaria delirando ou realmente vira Otto no meio das pessoas? Estava fantasiado de Cláudio e, sim! Era ele mesmo!

O casamento acabou, e todos estavam saindo da capela. Na confusão, perdi-o de vista. Fiquei desesperada. Saí apressada, empurrando as pessoas e pedindo desculpas. Vi-o novamente e gritei:

– Otto! Espere!

Otto virou-se e abriu um lindo sorriso ao ver-me, fazendo sinal para que nos encontrássemos fora da capela. Aproximei-me, sentindo o coração bater mais forte. Otto me puxou pelas mãos. Afastamo-nos da igreja e subimos uma trilha, em silêncio. Paramos à sombra de uma árvore, e Otto falou de repente:

– Clara, não paro de pensar em você...

– O que quer de mim? – perguntei, com voz trêmula.

Com um gesto delicado, Otto afastou meus cabelos da testa e fitou-me com carinho.

– Estou apaixonado por você e quero que vá embora comigo.

Tentei ser convincente, mas estava quase sem voz:

– Isso é impossível...

– Não, Clara! Podemos ser felizes juntos, apesar de nossas diferenças.

– Eu sei, mas por que não podemos ser felizes aqui na Terra?

Em vez de responder, Otto me tomou em seus braços, beijando-me ardentemente. Tentei reagir, mas acabei me entregando, com paixão. Otto sussurrou em meus ouvidos:

– Vamos para a nave, lá poderemos conversar com mais privacidade.

– Vamos para o meu apartamento. Fica apenas a duas quadras daqui.

Otto olhou-me sorrindo e suspirou:

– Seja como você quiser.

Chegando à minha casa, Perlo, Bóris e Estrelinha vieram nos cumprimentar. Perlo e Bóris fizeram festinha, e Estrelinha ronronou.

– Eles gostaram de você! – exclamei, contente.

– Também gosto deles, mas se eu tirar a fantasia, vou assustá-los.

– Então fique como está. Aceita algo para beber? O que os artisianos bebem?

– Quero apenas um copo d'água, obrigado.

Otto bebeu em um só gole, colocou o copo na mesa e abraçou-me. Ficamos por alguns instantes em silêncio; levantei a cabeça fitando-o e insisti:

– Por que não fica na Terra?

Otto sorriu, abraçando-me mais apertado:

– Temos o espaço à nossa espera. Se for comigo, eu desistirei de destruir a Terra.

– E se eu não quiser ir?

– Posso abduzi-la à hora que eu quiser; se fugir da nave, eu a levarei de volta. Mas não quero isso. Quero que vá de livre e espontânea vontade.

– Eu, você, Adma e aquele monte de clones inúteis. Por falar em Adma, consegue se comunicar com ela?

– Não.

– Foi Adma quem me ajudou a fugir.

– Falou com ela? – perguntou Otto, surpreso.

– Sim, em sonho. Adma não me quer na nave. Tenho medo do que ela possa fazer para me afastar de você.

– Fique ao meu lado e estará protegida. Assegurarei para que nada de mal aconteça, e Adma não terá como influenciar nossas vidas.

Otto aproximou-se, abraçou-me novamente e disse:

– Venha para perto de mim. Não quero falar de Adma; preciso beijar e sentir seu corpo. Você não sai da minha cabeça. Está me enlouquecendo, linda feiticeira.

Não consegui resistir aos apelos de Otto e me entreguei a ele, vivendo a noite de amor mais estranha e deliciosa de toda a minha vida!

No dia seguinte, Otto saiu cedo, alegando ter muito trabalho na recuperação do motor da nave. Prometeu voltar à noite e me deu um longo beijo de despedida. Quando chegou à nave, não notou que o espírito de Adma estava, aos prantos, esperando por ele.

– Viu? Ele dormiu fora, só poder ter sido com aquela sirigaita desbotada.

William tentava consolá-la, penalizado:

– Não chore assim. Você não está mais em corpo físico, não poderá se relacionar com Otto. Ele não consegue nem ao menos perceber sua presença. Além do mais, fica muito estranha quando está chorando.

Adma enxugou os olhos com as mãos e afirmou:

– Se achássemos nosso Emissário Athus, eu poderia renascer novamente ao lado de Otto.

– Provavelmente Otto morreria no espaço, e vocês não conseguiriam renascer em lugar nenhum. O Emissário artisiano de Deus pode estar a milhares de anos-luz daqui. Por que não aceita ficar na Terra?

– E pegar a genética de vocês? Ter esse corpo rude e frágil de ser humano? Nunca!

– Foi por um corpo rude e frágil de ser humano que Otto se apaixonou...

Adma elevou a voz:

ABDUÇÃO – O MISTÉRIO DOS EXTRATERRESTRES | 233

– Vocês terráqueos enfeitiçaram meu marido!

– Não quer enxergar os fatos, Adma. Otto está apaixonado por Clara, e Clara, por ele. Você vai ter de aceitar isso.

– É o que veremos, Algodãozinho, é o que veremos...

Na minha casa, esperei Otto sair e liguei para Lena, ansiosa.

– Lena, aconteceu!!!

– Aconteceu o que, querida?

– Estou nas nuvens, Lena; Otto é maravilhoso!

– Vocês dormiram juntos?

– Sim, amiga, foi uma loucura. Ele me segurou numa posição muito estranha! Foi indescritível!

– Não quero nem imaginar, querida. O importante é que você está feliz!

– E como! Dentro de mim está surgindo uma nova Clara, disposta a mergulhar de cabeça nessa experiência.

– E onde está Otto?

– Foi para a nave e ficou de voltar à noite. Estou tão ansiosa; ele insiste em me levar para o espaço.

– Você precisa ganhar tempo.

– O conserto da nave levará algumas semanas; é o prazo que tenho para convencê-lo a ficar.

– E Adma?

– Otto não consegue se comunicar com ela.

– Melhor assim...

– Gostaria de saber até que ponto ela é uma ameaça.

– Devemos seguir os conselhos de Célia e Francisco José e ficarmos atentas.

Despedi-me de Lena com um sorriso no rosto e fui tomar banho. Não seria fácil remover aquela substância verde e pegajosa que Otto deixara em meu corpo. Entrei no chuveiro e fiquei pensando nele, enquanto me ensaboava com energia.

Na semana que se seguiu, Otto e eu nos vimos todos os dias. Passávamos horas juntos, namorando. Eu, cada vez mais, interessava-me pelas histórias da extinta Artísia.

— Fale mais de seu planeta, adoro ouvir você contar...

Otto, envaidecido, narrava com empolgação sobre os hábitos e costumes de seu povo:

— Em Artísia, havia lagos por toda parte! Nós precisamos ficar submersos por no mínimo uma hora por dia, e lá, podíamos fazer isso em qualquer lugar. Com a memória e a inteligência proporcionada pelo cinto, quase não precisávamos de profissionais. Éramos médicos, analistas, engenheiros e técnicos em tudo! Com a ajuda da Robótica, realizávamos nossos projetos pessoais dentro de qualquer área. Essa individualização tecnológica atrapalhou a evolução espiritual do meu povo, pois interagíamos pouco, sendo todos absolutamente autossuficientes.

— E na vida pessoal? Vocês, artisianos, são fiéis? Praticam a monogamia?

— Tem medo que eu arrume outra?

— Não... Só para saber, curiosidade...

— Ah, sei, só curiosidade não é?

— Você não respondeu minha pergunta.

Otto abraçou-me e deu um beijo em meu pescoço, dizendo:

— Nós, artisianos, somos os seres mais fiéis do universo!

— Ou então, os mais mentirosos. Afaste-se, deixe-me ver sua aura.

— Está duvidando de mim, feiticeira?

— Apenas me certificando... – beijei os lábios de Otto e arrisquei o pedido – Fique comigo na Terra, Otto, nós seremos felizes aqui.

— Seremos felizes em qualquer lugar do espaço. – respondeu ele, com o semblante sério.

— Então, por que não ficamos aqui? – insisti – Tenho família e amigos na Terra, não gostaria de me separar deles.

Otto ignorou o que eu disse e falou, decidido:

– Em mais duas semanas, a nave estará pronta, e poderemos partir em paz.

– Eu, você e o fantasma de Adma? Não aceitarei isto. Enquanto Adma estiver na nave, não colocarei meus pés lá.

– Você precisa confiar em mim, Adma não nos causará mal.

Na nave, Adma estava cada vez mais carrancuda, e William tentava fazê-la falar:

– Ande, reaja. Aceite logo as circunstâncias. Otto e Clara estão namorando, e você não tem como impedi-los.

Adma continuava emburrada, em silêncio.

William insistia:

– Gostará de renascer na Terra. Vamos para a crosta. Vai ver que a vida lá não é ruim. Você pode ser feliz e evoluir reencarnando com o meu povo.

– Se sairmos da nave, não conseguiremos mais entrar, seu Cabeça de Algodão.

– Por isso ainda não fui embora. Não quero deixá-la sozinha...

– Prefiro que vá embora. Seus cabelos estão me irritando.

– Pretende ficar aqui até quando?

– Otto trará Clara para a nave. Quero estar aqui quando eles chegarem.

– E se não trouxer? Ele pode decidir mudar-se para o apartamento dela.

– Otto não seria louco a esse ponto! – respondeu Adma, com raiva.

– Ele está louco de amor por Clara! Desista de Otto, poderá ser feliz sem ele, basta querer!

– Nunca!

Adma balançou os braços com vigor e deslocou alguns objetos.

– Veja! – gritou, animada – consegui mover aquelas caixas de papel.

— E daí?

— Se tenho esse poder, talvez consiga obsediar alguém.

— O que está passando pela sua cabeça, Adma?

— Não seja curioso, Algodãozinho. São coisas minhas...

William falou, indignado:

— Não tem chances de exercer influências em Otto, quanto menos em Clara, que é mais evoluída.

— Não fique nervoso, Floquinho de Algodão, tenho meus planos e não preciso de ajuda.

Adma já ia saindo, quando William parou à sua frente.

— Se fizer mal à Clara, acabo com você!

— Ui! Que medo! – respondeu Adma com ironia – Deixe-me, Dr. Cabeça de Algodão, preciso trabalhar.

Dois dias depois, Adma voltou a falar com William:

— Tchau, Algodãozinho, estou indo para a crosta.

— Como assim? Quando resolveu isso? Porque não me falou nada? Se sair, não conseguirá entrar...

Adma sorriu, encolhendo os ombros.

— Não lhe devo explicações, fofo, e no mais, isto não é da sua conta.

— Tudo bem, mas mesmo assim irei com você.

— Zíííííí, colou no meu pé, é? Sai para lá, carrapato cabeludo!

— Queira você ou não, não a deixarei sozinha.

— Então, o problema é seu. Eu estou indo embora.

William seguiu Adma, e os dois atravessaram as grossas paredes da nave em direção ao espaço. William insistiu:

— O que fará na crosta? Como espírito, não terá forças para influenciar Clara.

— Não estou mais preocupada com a sirigaita. Na nave, Otto passa os dias consertando o motor e, à noite, desce para dormir com a bruxa, mas isso é por pouco tempo. As coisas vão mudar.

Na Terra, Adma parou em frente à janela de meu quarto e ficou olhando, atenta. William parou ao lado dela. Otto e eu conversávamos distraidamente:

— Os terráqueos não conhecem nem um terço da energia produzida na natureza e não fazem ideia de como utilizá-la...

— É fantástico, Otto! Vocês artisianos dominam plenamente esse assunto.

Passei meus braços ao redor do pescoço de Otto e beijei delicadamente o seu rosto. Otto virou a cabeça e me beijou com violência. Afastei-me um pouco e reclamei:

— Nossa, Otto, tem hora que você parece um animal!

— Eu a amo, Clara.

Otto me enlaçou, e fui tomada por uma indescritível emoção. Em transe, permaneci em seus braços. A aura dele, vibrando forte como o corpo, abalou todo o meu campo energético. Adma virou-se de costas, reclamando:

— Mulherzinha insuportável, ela ainda me paga!

William tentou acalmá-la:

— Por que não esquece os dois e vai comigo para um hospital espiritual?

— Não estou doente!

— A vingança e o orgulho são doenças da alma.

— Olhe, Cabeça de Algodão, vá pentear o cabelo e me deixa em paz.

Adma entrou como um foguete para dentro do meu quarto e se pôs entre mim e Otto, tentando nos afastar com socos e pontapés. Senti um leve mal-estar, desculpei-me com Otto e acionei minha robozinha da casa, pedindo um copo d'água.

— O que foi? – quis saber Otto.

Adma sorriu, vitoriosa.

— Não sei... – respondi, colocando a mão na cabeça – Uma sensação estranha... Desculpe, amor, preciso descansar...

Adma saiu do quarto e voltou para o lado de William, que estava quieto perto da janela. Adma falou:

— Agora que já acabei com a "festinha", vou sair à procura de uma pessoa que sirva aos meus propósitos.

— Aonde vamos?

— Eu vou para a praça de alimentação; você, eu não sei.

— Já disse que não a deixarei sozinha.

— Mas "tu és" mesmo chato, hem, Algodão?

Adma acenou e saiu voando em grande velocidade. William foi atrás. Pararam na praça de alimentação, onde o movimento era constante. Centenas de pessoas andavam em várias direções. Adma sentou-se folgadamente em um banco, e William perguntou:

— O que estamos fazendo aqui?

— Deus na Terra, dê-me paciência, esse homem é muito chato! Agora fique quieto, está me atrapalhando.

William calou-se, e mais de duas horas depois, Adma exclamou:

— Achei! É aquela ali!

Adma apontava para uma mulher linda, e William não se conteve ao dizer:

— Que mulher bonita! Mas veja sua aura, é orgulhosa e ambiciosa. Ainda tem muito que aprender...

— Vamos atrás dela!

— Isso é um convite? Quer minha companhia?

Adma, irritada, torceu os lábios e se lançou ao encalço da bela escolhida.

A mulher caminhou até a estação de aerobus e seguiu no coletivo com destino a Madureira, subúrbio do Rio de Janeiro. Adma e William sentaram-se em cima do veículo.

ABDUÇÃO – O MISTÉRIO DOS EXTRATERRESTRES | 239

O aerobus acelerava no ar pelo céu aberto, com o mar ao fundo. O cenário durante o transporte era deslumbrante. Prédios e casas pairando acima do mar com seus contornos refletidos nas águas. O calçadão de Copacabana, também flutuando, dava a impressão de oscilar ao sabor dos ventos. O resto da cidade equilibrada nos morros, em contraste com a nova arquitetura suspensa, unidas pela proteção do Cristo Redentor, compunha o cenário do Rio de Janeiro do século XXII. Destoando da paisagem, apenas a imagem da nave alienígena e sua ameaça silenciosa e sinistra.

No ponto final, a mulher desceu, atravessou a rua e parou em frente a um casarão antigo. Entrou, seguida de Adma. William, indignado, tentava impedir:

– Deixe de ser enxerida. Não pode entrar assim na casa dos outros. Você nem os conhece...

Adma apenas resmungou, não dando ouvidos a William. A casa era pobre para os padrões da época. Não havia nenhum sinal da tecnologia já há tanto tempo em uso.

Na sala, três homens estavam sentados à mesa, conversando. A mulher cumprimentou-os séria e passou direto. O mais velho falou:

– Sabrina, sente-se aqui comigo e com seus irmãos.

– Estou cansada, papai, trabalhei o dia inteiro e...

– Sente-se aqui, Sabrina!

Sabrina abaixou a cabeça e, em silêncio, obedeceu ao pai.

– Consegui um apartamento do governo aqui perto para morarmos.

– Não vou me mudar para um cubículo! Se ao menos fosse na Zona Sul. Lá os apartamentos são maiores.

– Sabrina gosta de luxo, papai. – disse o rapaz mais novo, em tom de desprezo.

O pai de Sabrina falou, quase em um sussurro:

– Um luxo que eu não pude dar...

O rapaz, que aparentava pouco mais de dezoito anos, levantou-se, indo abraçar o pai:

— Não há dinheiro que pague o amor e o carinho com que nos criou.

— Bom — falou Sabrina se levantando — se era só isso que queria me dizer, estou indo para meu quarto.

Júlio, o irmão mais velho, perguntou:

— Não vai jantar?

— Comi na rua, vou me deitar.

Sabrina foi para o quarto, sentou-se na cama e tirou os sapatos. Adma e William seguiram-na.

— Veja para mim o que ela está pensando, Algodãozinho.

— Veja você mesma! Não disse que não precisa de mim?

— Mas já que está aqui, poderia ajudar...

— Não sem antes saber quais são seus planos.

— Fale para mim o que ela está pensando e prometo contar depois.

— Não sei se devo confiar em você...

— Depois nós discutimos isso; agora fale, o que ela está pensando?

William fixou seus olhos na cabeça de Sabrina e respondeu:

— Pois bem, ela deseja um homem rico para se casar e ir embora. Ainda é uma alma presa aos valores materiais.

Adma sorriu, triunfante.

— Era isso mesmo que eu queria.

— Quais são suas intenções, Adma?

— Você verá, Algodão, assim que Sabrina dormir.

Em seu quarto, Sabrina dormia profundamente, e seu espírito, desprendido do corpo físico, planava no ar. Adma tentava fazer contato:

— Mas que almazinha fraquinha dessa terráquea; ô, ô, mocinha, estou aqui! Preciso falar com você! — Adma balançava os braços à frente de Sabrina, que se mantinha alheia.

ABDUÇÃO – O MISTÉRIO DOS EXTRATERRESTRES | 241

Adma virou-se para William e falou:

– Será que o Cabeça de Algodão pode ajudar?

– Por que quer se comunicar com ela?

– Ah, esquece! Você só sabe fazer perguntas.

Sabrina parou à frente de Adma e perguntou:

– Tem alguém aí?

– Olha, estou conseguindo.

Adma passou as mãos nos cabelos de Sabrina e disse:

– Sim, queridinha, estou aqui.

– Quem é você? Não consigo ver bem.

– Sou sua amiga e quero lhe dar umas dicas.

– Como assim?

– Não quer se tornar rica e famosa?

– Claro!

– Pois então, tente seduzir o extraterrestre que está namorando a tal de Clara. Vai ser mole para você jogar essa Clara para escanteio.

– Mas o extraterrestre? Ele não é esquisito?

– Ele é lindíssimo e faz qualquer mulher vibrar de felicidade – Adma suspirou e continuou – se ficar com ele, terá o mundo aos seus pés.

Sabrina sorriu e ficou parada, pensando.

William, nervoso, gritou com Adma:

– É uma pouca-vergonha fazer isso, Adma! Que diferença faz Otto ficar com Clara ou com Sabrina? Você continuará morta, e ele, vivo. Continuarão separados.

– Você é burro mesmo, não é? Parece que só tem algodão na cabeça. Não vê que Clara pode convencer Otto a ficar na Terra? Se Otto escolher Sabrina, eles irão para o espaço à procura do Emissário Athus. Sabrina não é como Clara, não tem amigos para ajudá-la. Na nave, será mais fácil ficar livre dela.

242 | ZANA MATOS

– Você, Adma, deve ter um cérebro menor que um ovo, primitivo como o de um réptil. Não consegue enxergar o caminho de Deus. Venha comigo para Nosso Lar, lá encontrará pessoas dispostas a ajudá-la.

– Vá para o inferno, Cabeça de Algodão! Estou cansada da hipocrisia de seu povo. Não confio nos terráqueos! Irei obsediar Sabrina, e nem você, nem ninguém, irá impedir.

Na manhã seguinte, Sabrina levantou-se cedo e pegou seu computador de pulso. Projetou uma tela à sua frente com as principais notícias do dia. Viu um filme de Otto e Clara nos jornais e pensou:

"Se esse *extraterrestre tivesse se interessado por mim, eu estaria hoje nos jornais, em vez dessa Clara...*"

Desligou o computador e foi para o banho. Havia tido uma grande ideia.

Olhou-se no espelho e ficou feliz com o que viu. Estava deslumbrante em um vestido bem-ajustado no corpo. Seus longos cabelos louros possuíam o brilho do Sol, e um leve rubor na face a deixava ainda mais bonita. Passou pela sala em direção à porta, e seu pai perguntou:

– Vai sair?

– Não me arrumei assim para ficar em casa – respondeu, mal-humorada.

– Mas hoje é seu dia de folga, pensei que fosse ficar conosco...

– E ficar olhando para sua cara feia o dia todo?

Érico retrucou, contrariado:

– Não fale assim com papai, Sabrina.

Júlio, o irmão mais velho, interrompeu a discussão:

– Não deem ouvidos à Sabrina, deixem que se vá, não irá fazer falta.

– Obrigada pela "gentileza", Júlio.

Sabrina saiu batendo a porta e pegou o aerobus para Copacabana.

ABDUÇÃO – O MISTÉRIO DOS EXTRATERRESTRES | 243

Parou em frente à porta do prédio de Clara e ficou esperando. Soube pelos jornais que Otto saía todas as manhãs. Adma e William assistiam à cena. Não tardou muito para que ele aparecesse, e Sabrina abordou-o sem rodeios:

– Você é Otto? O artisiano?

Otto concordou com a cabeça.

– Eu sabia! Existem muitos clones seus com alma humana circulando pelas ruas, mas você é especial.

Otto agradeceu, envaidecido, e já ia se afastando, quando Sabrina segurou-o pelo braço.

– Espere! Permita que eu tire uma foto de nós dois!

Antes que Otto respondesse, Sabrina pediu ao computador de pulso que acessasse seu banco de imagens para uma foto. Preparou o seu CP e chegou bem perto de Otto, abraçando-o.

Saí do prédio nesse exato momento e não gostei do que vi. Fiquei imóvel, observando-os.

Sabrina beijou Otto no rosto e ficou alisando o braço dele. Caminhei até eles e perguntei o que estava acontecendo. Otto ficou sem graça e, olhando-me de relance, deu uma breve resposta, sem grandes detalhes:

– Esta é Sabrina, acabei de conhecer...

Olhei-a desconfiada, e ela fez sinal com a cabeça, despedindo-se. Esperei que se afastasse e perguntei novamente:

– Quem é aquela mulher?

– Já respondi, não sei, acabei de conhecer, acho que era uma fã.

– E você agora tem fãs?

Adma sussurrava intrigas em nossos ouvidos, tentando semear a discórdia.

– O que ela queria?

– Nada de mais, Clara. Está com ciúmes?

– Lógico que não.

— Pois parece...

— Só achei estranho encontrá-los abraçadinhos.

Otto segurou e puxou meu corpo de encontro ao dele.

— Venha cá, bela feiticeira.

— Pare com isso, Otto! Estamos no meio da rua, está todo mundo olhando.

— Não se tem sossego neste planeta nem para namorar, veja, alguns *paparazzi* estão nos filmando. Acho melhor irmos embora.

Otto me deu um rápido beijo e saiu flutuando em direção à nave enquanto dizia:

— Na próxima vez, saio pela janela!

Adma e William continuavam discutindo:

— Você se julga muito esperta, não é, Adma?

— Modéstia à parte, tenho minhas qualidades.

— Acha que vai conseguir obsediar Sabrina o tempo todo?

— Não precisa, já lancei a sementinha. Ela já está caidinha por ele.

O resto do dia decorreu tranquilo, e por volta da 18 horas, Sabrina voltou à porta do meu prédio, ficando à espera. Ao vê-la, Otto indagou:

— Por que está me seguindo?

— Não gostaria de tomar uma água comigo?

— Minha namorada já deve estar chegando...

— Venha, por favor, é só por alguns instantes.

Otto e Sabrina caminharam até o bar e pediram a água no balcão. Sabrina convidou Otto para sentar-se à mesa, e ele recusou. Ela perguntava sobre a vida de Otto e, aos poucos, a conversa foi ficando animada.

Passei deslizando de carro e vi os dois. Parei e fiquei olhando. Eles não me viram, estavam tão entretidos que não enxergavam nada ao redor. Adma, ao lado de Sabrina, sussurrava em seus ouvidos:

– Ele é lindo! Ao seu lado, conseguirá tudo o que quiser. Fama, dinheiro...

Senti uma pontada de ciúmes e fui para casa.

Tomei um banho e fiquei em meu quarto à espera de Otto. Eram quase 21 horas quando chegou, e eu, desconfiada, perguntei:

– Por que demorou tanto?

– Encontrei aquela moça, Sabrina, e ficamos conversando. Até que é bem simpática.

Abaixei a cabeça e disse, entristecida:

– Vocês homens são todos iguais, não podem ver uma mulher bonita...

Otto me abraçou com carinho, dizendo:

– Não existe mulher neste mundo mais bonita que você, feiticeira. – Otto me beijou, brincalhão, jogando-me para o alto. Com uma rapidez assombrosa, levou-me flutuando para o quarto. Eu não sabia se me agarrava nele ou se socava seu ombro musculoso.

Adma, não suportando a cena, parou à porta do quarto e agarrou as pernas de Otto, fazendo-o planar mais para a esquerda e tropeçar de leve.

– O que foi? – perguntei.

– Nada não, acho que estou tonto de emoção, tropecei em minhas próprias pernas...

Otto sorriu, jogou-me em direção à cama, pegando-me novamente antes que eu encostasse no colchão. Caí pesadamente sobre ele, que me segurou em uma posição muito estranha, fazendo que eu-me sentisse a mulher mais amada do universo.

William segurou Adma pelos braços, conduzindo-a para fora do quarto.

– Vamos embora! – falou, com autoridade – Não devemos ficar aqui neste momento.

Adma deixou-se levar e desabou em um pranto meloso. William, com dó de ver a extraterrestre chorando, segurou suas mãos e disse:

— Desista, eles se amam...

Adma, orgulhosa, controlando o choro, falou, zangada:

— O Senhor Sabe-tudo, Cabeça de Algodão, não consegue enxergar que Otto é meu e que não tem Clara, nem Sabrina, nem fulaninha qualquer que vá tirá-lo de mim.

William sacudiu a cabeça, desanimado. Olhou para a Lua, que, linda e majestosa, descansava no céu, e pensou:

"*Oh Deus, dai-me forças para convencer a cabeça dura da artisiana.*"

William seguiu com Adma para Madureira até a casa de Sabrina e encontrou-a brigando com os pais e os irmãos.

— Breve irei embora desta casa e ficarei livre de vocês.

Érico falou, sarcástico:

— Não vejo a hora...

Julio, o mais sensato, interveio:

— Não deem atenção para Sabrina, deixem-na seguir sua vida.

Sabrina foi para seu quarto e bateu a porta.

Adma foi atrás, sussurrando em seu ouvido:

— Terá dinheiro e fama ao lado do extraterrestre, não desista, beije-o de surpresa. Os artisianos adoram surpresas.

William tentava, sem sucesso, impedir a intervenção. Sabrina permitia a obsessão de Adma, emitindo energia de ambição e egoísmo.

Obsessão

Com a morte de William, passei a presidir as reuniões da FEO. Esperei que todos se acomodassem e comecei abordando minha situação com Otto.

— Vocês já sabem que Otto e eu estamos nos dando muito bem; porém, ele quer me convencer, a qualquer custo, a seguir viagem espacial à procura de Athus, o Emissário artisiano.

— E Adma? – perguntou Daniela.

— Foi para falar dela que os chamei aqui. Estou achando estranho Adma não ter dado algum sinal. Esse silêncio está me deixando nervosa.

Lena sorriu, colocou as mãos em meus braços e falou:

— Vamos fazer uma sessão espiritual evocando os espíritos de William e Jonas.

— Excelente ideia! – exclamou Elisa, virando-se para João Carlos.

— Meu amor, entre em contato com a Célia. Podemos marcar uma sessão para hoje à noite.

João Carlos acessou seu computador de pulso e disse:

— Célia confirma uma sessão para hoje às 20h30min.

No horário combinado, Célia pediu que rezássemos em voz baixa solicitando a proteção Divina. Após as orações, todos se concentraram em William e Jonas, chamando-os em pensamento.

William tentava convencer Adma a deixar Sabrina em paz, quando ouviu o chamado e pensou:

"A comissão me chama, estão tentando falar comigo. Mas o que farei? Não posso deixar Adma sozinha, ela pode aproveitar minha ausência e desaparecer. Se ao menos pudesse avisar Clara! Mas sair de perto de Adma é muito arriscado."

A comissão, sentada ao redor de uma mesa com Célia, continuava a fazer esforços na tentativa de um contato. Jonas foi avisado em Nosso Lar e recebeu permissão de espíritos superiores para descer à crosta, a fim de conversar com seus amigos.

Foi Elisa, possuidora de mediunidade avançada, quem recebeu o espírito de Jonas, que saudou:

"Estou muito emocionado pela oportunidade de estar aqui na presença de meus amigos, em especial, de meu irmão Thiago, companheiro nesta e em outras vidas."

Thiago sorriu, com lágrimas nos olhos, e Lena prosseguiu o diálogo:

— Estamos felizes em poder conversar com você, Jonas, e ansiosos por notícias.

"Não sei de nada. Desde o meu desencarne, vivo em Nosso Lar, sinto não poder ajudá-los."

— Não sabe de William? – perguntou Fernando, decepcionado.

"Não. Tive permissão para vir aqui, avisar que estou bem e dizer para Thiago que ele foi o melhor irmão do mundo. Desejo muitas felicidades para ele e para Márcia."

Thiago, emocionado, falou baixinho:

— Obrigada, Jonas, sinto muitas saudades.

Jonas retirou-se do corpo de Elisa e foi acolhido por Francisco José, que assistia à sessão, em silêncio.

Elisa, sem se lembrar de nada, perguntou:

– O que aconteceu?

Márcia, controlando o choro, respondeu:

– Jonas esteve aqui.

– E o que ele disse?

– Ele não sabe de nada. – respondi, aflita.

De repente, Fernando começou a falar com voz firme e grave. Todos olharam para ele, assustados.

" Meu nome é Antenor e ouvi vocês chamarem pela alma de William."

– Pode nos ajudar? – indagou Carptner.

"Sou um velho amigo de William, já faleci há alguns anos. Dias atrás, estava na crosta assistindo DE DAR ASSISTÊNCIAmeus familiares, quando vi William passar, sentado em cima de um aerobus, em companhia da alma de uma extraterrestre. Tenho certeza de que era ele, sua cabeleira branca é inconfundível."

– Em qual direção eles iam? – perguntei animada.

– "O aerobus era Copacabana-Madureira".

Elisa disse, pensativa:

– William está com Adma, por isso, até agora, nada aconteceu...

Fernando, ainda em transe, voltou a falar, agora em um timbre mais forte e harmonioso:

"Meu nome é Francisco José e sou guia de Clara. Estou ao lado de Jonas e Antenor. Decidimos ir para Madureira procurar William. Esperamos novo contato em três dias."

A cabeça de Nando pendeu sobre a mesa, e ele ficou imóvel, desacordado. Levantei-me e fui até ele, tentando reanimá-lo.

Célia encerrou a sessão e falou:

– Vamos orar para que nossos amigos encontrem William.

William estava tão concentrado que não percebeu os espíritos de Francisco José, Jonas e Antenor entrando no quarto de Sabrina. Foi preciso que Jonas o chamasse várias vezes.

– William! Sou eu, Jonas! Vim para ajudar!

William, surpreso, olhou para Jonas e disse:

– Meu Deus! Como chegou aqui?

– Não estou sozinho. Veja, Francisco José e Antenor estão comigo.

– Antenor, meu amigo! Há quantos anos não o vejo, desde que morreu! Como está?

Antenor fez uma reverência e cumprimentou William:

– Boa noite, grande mestre, é um prazer poder oferecer meus préstimos.

William olhou para Adma, que continuava sussurrando coisas nos ouvidos de Sabrina.

– E Adma? – perguntou William, curioso – Ela não pode vê-los?

Foi Francisco José quem respondeu, elucidando:

– Neste momento, Adma está tão obcecada em obsediar Sabrina que não consegue sentir nossa presença.

– E como me acharam?

– Vi quando passou com Adma sentado em cima do aerobus para Madureira. Alguns conhecidos desencarnados nos contaram que viram vocês entrarem nesta casa.

– E como me reconheceu, Antenor? Após tantos anos...

Antenor pigarreou e mudou de assunto:

– A comissão da FEO está assustada com o silêncio de Adma. Você sabe quais são seus planos?

William narrou os fatos aos amigos e concluiu, aborrecido:

– Tenho tentado fazê-la desistir, mas confesso que, até agora, não tive êxito...

Francisco José colocou as mãos nos ombros de William, consolando-o:

– Não se preocupe, estamos aqui para ajudá-lo. Voltarei ao CURSO e falarei com Célia sobre Sabrina para que ela alerte Clara. Antenor e Jonas ficarão com você.

Na manhã seguinte, Célia ligou para Lena Lion.

– Bom dia, Lena, desculpe importuná-la tão cedo.

– Bom dia, Célia! A que devo tão agradável surpresa, logo pela manhã?

– Recebi um aviso de Francisco José noite passada. É sobre Clara.

– Fale logo, querida, minha pressão sempre sobe quando fico ansiosa.

– Adma está obsediando uma tal de Sabrina, para que ela seduza Otto e destrua seu relacionamento com Clara.

– Ainda existem na face da Terra pessoas capazes de se deixar obsediar? Isso é muito triste... – falou Lena, demonstrando desagrado.

– São poucas, mas existem, sim. Sabrina não tem consciência do que está acontecendo com ela.

– E William?

– Nosso irmão e companheiro William está ao lado de Adma, tentando convencê-la a desistir e seguir com ele para Nosso Lar.

– Por que Francisco José não falou diretamente com Clara?

– Clara está tão concentrada em sua relação com Otto que torna difícil aos espíritos se comunicarem com ela.

– Entendo... Então, acho melhor avisá-la sobre Sabrina o mais rápido possível. Obrigada por tudo, Célia.

– Conte comigo. Estarei atenta às comunicações do além.

Lena trocou de roupa e já ia ligar para Clara, quando o aviso sonoro tocou. Olhou para a tela e viu que era Clara. Pediu para a porta abrir e correu ao seu encontro.

– Já ia ligar para você...

– Desculpe vir sem avisar. Na realidade, estava apenas passando por aqui, quando me senti mal e resolvi entrar.

– Fique à vontade, querida. Sente-se e conte o que aconteceu.

– Acho que não foi nada... Estou apenas um pouco indisposta.

– Quer comer alguma coisa? – perguntou Lena, preocupada com a saúde de Clara.

– Comer? – Clara fez cara de nojo e colocou as mãos na boca – Não, obrigada, estou enjoada.

– É a primeira vez que sente isso?

– Estou assim desde ontem. Só tenho vontade de dormir.

– Quando veio sua última menstruação?

– Está querendo dizer que eu posso estar grávida?

– Está com todos os sintomas...

– Pensando bem, pode ser que esteja com razão. Minha menstruação está realmente atrasada. Mas apenas dois dias...

– Que notícia boa!

– Espere, Lena, não tenho certeza.

– E o que está esperando? Peça para seu computador entrar em contato com a farmácia e pedir um *kit* para o exame de gravidez.

Enquanto esperávamos o *kit* chegar, Lena falou de Sabrina:

– Temos de tomar muito cuidado com uma tal de Sabrina, ela está sendo obsediada pelo espírito de Adma.

– Bem que desconfiei haver algo de errado com aquela mulher...

– Então já a conhece?

– Otto se encantou com ela; ficaram conversando ontem à noite, e ele a achou simpática.

– E você deixou?

– E o que posso fazer para impedir? Com o cinto, Otto pode entrar pela janela, mas agora só usa a portaria; não tem sentido.

– Pensaremos juntas em uma forma de tirá-la de seu caminho.

A campainha tocou, e a robozinha foi atender, voltando em seguida. Lena, ansiosa, praticamente arrancou o embrulho das mãos de pele sintética da robô.

— O teste de gravidez chegou! Venha fazê-lo.

Ao ler o resultado positivo, senti a sala rodando e desmaiei.

Em consciência espiritual, vi Francisco José se aproximar e joguei-me em seus braços.

— Francisco! Estou grávida de Otto!

— Guias superiores acabaram de me avisar, por isso vim ao seu encontro.

— Estou muito feliz, porém, não sei o que vai ser de mim e dessa criança.

— Essa criança é o símbolo da paz, é fruto do amor e será abençoada. Confie em Deus, Clara.

Acordei de repente, com Lena dando tapinhas em meu rosto.

— Clara! Clara!

Sacudi a cabeça e falei:

— Pode parar, Lena, já estou acordada.

— Clara, que maravilha! Você está grávida!

— Acabei de falar com Francisco José. Ele disse que meu filho é abençoado!

— Mas é lógico! É o símbolo da paz!

— Foi exatamente isso que ele disse.

— Não vai contar para Otto?

— Otto está na nave, voltará à noite. Prefiro dar a notícia pessoalmente.

— Então, vamos ligar para a sua mãe e para os membros da comissão.

— Espere, Lena, não sei como Otto irá reagir; gostaria de falar com ele primeiro.

— Está certo, como você quiser, querida. E Sabrina? O que faremos em relação a ela?

— Não sei, ela é linda. Conheço Otto há tão pouco tempo... Não sei se posso confiar nele...

– Conte a ele sobre sua conversa com Francisco, fale da obsessão de Adma.

– Vou tentar, Lena, vou tentar.

À tardinha, desci para a portaria do prédio para esperar Otto. Sabia que Sabrina o procuraria de novo e achei melhor impedir. Por volta das 18 horas, vi Sabrina se aproximar e fui em sua direção, abordando-a:

– SABRINA! – gritei.

Ela virou-se assustada e perguntou:

– Como sabe meu nome?

– Não se faça de desentendida – respondi, zangada – sabe quem eu sou e vou direto ao assunto: desista de Otto, nós vamos nos casar.

– Ainda não se casaram... Às vezes, a vida nos prega algumas surpresas...

– O que está querendo dizer?

– Otto não é propriedade sua.

– Ele me ama.

– Ele também amava Adma.

– Ah! Sabia que falaria nela. Adma está ao seu lado, está obsediando você .

Adma, que assistia a tudo em companhia de William, cutucou-o e observou:

– Vai começar o barraco.

– Viu o que Clara falou? Ela sabe que você está aqui.

– Clara está blefando, ela não pode me ver.

Sabrina retrucou, irritada:

– Não seja ridícula, garota, não pode impedir que Otto conheça outras mulheres, é ele quem decide isso!

Otto, com sua elegância natural, chegou flutuando com o cinto preto e parou ao meu lado. Não pude deixar de notar como era charmoso.

ABDUÇÃO – O MISTÉRIO DOS EXTRATERRESTRES | 255

– O que está acontecendo? – perguntou ele.

– A loirinha está cheia de esperanças... – respondi, com raiva.

Sabrina entrou na frente de Otto e beijou-lhe o rosto:

– Otto, querido, sua mulherzinha é bem difícil, hein!

Senti o sangue subir à cabeça, e minha aura ficou vermelha. Dei a volta, abracei Otto e falei:

– Vamos para casa, meu amor! Tenho uma coisa para contar.

Otto disse educadamente:

– Com licença, Sabrina, vou subir com Clara.

Sabrina, com expressão de profundo desagrado, calou-se e concordou com a cabeça. Adma não gostou.

– Essa Sabrina é uma imbecil mesmo. Olha lá! Otto e Clara estão indo embora, e ela ali, parada, com cara de boba.

– Sabrina é como você, ainda não aprendeu a enxergar o verdadeiro significado da vida.

– Chega de sermão, Algodãozinho, vamos atrás deles, quero ver se estão discutindo.

Entrei em meu apartamento calada, e Otto me abraçou.

– Não sabia que minha bruxinha era tão ciumenta...

– As coisas não são tão simples assim, Otto. Conversei com Lena, ela me avisou que Sabrina pode estar sendo obsediada por Adma.

Otto jogou a cabeça para trás e deu uma gargalhada esquisita.

– Vocês terráqueos têm a imaginação muito fértil.

– Veja bem – insisti – o que acha que o espírito de Adma está fazendo agora?

– Provavelmente esteja na nave me esperando.

– Adma está aqui!

– Não acredito nisso. Se Adma sair da nave, não conseguirá entrar novamente. A nave possui uma proteção energética externa, que não permite a entrada de espíritos.

– Eu sei, mas essa função é irreversível?

– Não, posso desligá-la à hora que eu quiser.

– Adma sabe disso, por isso se arriscou a sair.

– Você está imaginando coisas!

– Por que não acredita em mim?

– Está tendo uma crise de ciúme. Sua aura está verde de inveja da loura.

– Não sei se posso confiar em você...

– Pare de falar bobagem! Está me irritando!

– Eu? Irritando? Então fica de conversinha com essa tal de Sabrina na frente do prédio e sou eu que irrito você?

– Está difícil conversar com você, nervosa desse jeito. Boa noite, Clara, estou indo dormir.

Otto foi para o quarto, deixando-me sozinha na sala. Meus olhos encheram-se de lágrimas. Não havia nem ao menos dado a notícia do bebê. Senti-me insegura e achei melhor não falar sobre a gravidez naquela noite.

No dia seguinte, ao acordar, Otto não estava mais ao meu lado. Não o vi sair. Troquei de roupa apressada e desci para a portaria. Cheguei no exato momento em que Otto e Sabrina se beijavam. Dezenas de repórteres registravam a cena, e achei melhor recuar, antes que alguns deles viessem falar comigo.

De volta ao meu apartamento, joguei-me na cama e chorei... Como poderia ter me deixado iludir por um homem de outra espécie, que conhecera há tão pouco tempo? Entreguei-me a Otto sem nem saber direito quem era ele...

Na rua, Otto empurrou Sabrina, assustado.

– Você é louca, mulher? Por que me agarrou e me beijou desse jeito?

– Quero você, extraterrestre.

– Vou me casar com Clara. – afirmou, categórico.

– Então, por que desceu no elevador? Poderia ter saído flutuando pela janela, mas aposto que quis me ver.

Otto admitiu, contrariado:

– Realmente, despertou a minha curiosidade, mas isso não quer dizer que eu vá ficar com você.

Adma sussurrou no ouvido de Sabrina, que repetiu suas palavras:

– Eu o amo, meu rei...

Otto fixou os olhos em Sabrina e pensou:

"Não é possível, será que Clara tem razão quando diz que Adma está *aqui*?"

Sabrina voltou a abraçá-lo, e Otto se esquivou, flutuando de volta para a nave.

Liguei para Lena e pedi que fosse até meu apartamento, não tinha ânimo para sair. Lena chegou em alguns minutos, e convidei-a para sentar-se na varanda. Os animais acomodaram-se, deitando aos nossos pés.

– Não posso oferecer o conforto dos jardins de sua casa – falei – este apartamento do governo é bom, porém muito pequeno.

– Não se preocupe comigo, estou muito bem; além do mais, a vista para o mar é maravilhosa.

Thuca, a robozinha, apareceu trazendo café, e eu continuei:

– Tenho vontade de me mudar para uma casa, para ter mais animais; junto deles, nunca me sinto só. Marcos sempre quis morar aqui por ser de graça e mais perto do trabalho dele.

– E agora, com o neném, vai precisar de mais espaço...

– Lena, não sabe o que aconteceu. Peguei Otto e Sabrina se beijando.

– Na boca?

– Sim!

– Mas que safado!

– Foi o que pensei.

— Então, Adma está realmente aqui na Terra.

— Otto não acredita nisso. Brigou comigo ontem e, hoje de manhã, estava beijando Sabrina. Não contei que estou grávida. Não houve clima...

— Adma está conseguindo o que quer: afastá-la de Otto.

— Ela está me mostrando quem é o verdadeiro Otto.

— O prejulgamento é o maior inimigo da lucidez.

— Não estou prejulgando, eu o vi beijando Sabrina. Se quiser ver também, acesse um jornal; as imagens já devem estar na rede.

— Está nervosa, minha querida, tente se acalmar.

— Você mesma chamou-o de safado, agora há pouco.

— Fiquei surpresa, foi por impulso. Agora, pensando melhor, acho que pode ser um plano de Adma.

— Ela pode ter influenciado Sabrina, mas Otto beijou-a porque quis. E no mais, ele poderia ter saído pela janela, mas preferiu o elevador.

— Não conclua nada antes de esclarecer as coisas com ele. Vou deixá-la para que possa descansar e pensar. Não se precipite, às vezes, as coisas não são como parecem...

— Gostaria de ser tão otimista quanto você.

Lena, com um discreto sorriso, despediu-se.

À noite, Otto entrou pela janela de meu quarto, parou ao meu lado e me deu um suave beijo nos lábios.

— O que houve? – perguntou ele, percebendo meu distanciamento.

— Já viu os jornais da tarde?

— Sim, acessei lá da nave. Você não acreditou naquilo, não é?

— Como não acreditei? Vocês estavam se beijando!

— Mas eu não queria! Foi ela que me agarrou!

— Adma está com Sabrina...

— Lá vem você com esta história de novo!

ABDUÇÃO – O MISTÉRIO DOS EXTRATERRESTRES | 259

– Por que é tão difícil para você entender? Ela quer nos afastar e está conseguindo.

– Adma não tem nada a ver com isso.

– Agora vai defendê-la...

– Afinal de contas, está mais preocupada com Adma ou com Sabrina?

– É aí que está o problema, ontem foi Adma, hoje é Sabrina, qual será a próxima, Otto?

– Parece que me enganei com você. Não é como eu pensava.

– Pois saiba que acho a mesma coisa.

Adma, saltitante, vibrava de felicidade.

– É agora, William! Eles vão terminar o namoro!

– Estão passando por um momento de crise, mas no final, o amor vencerá. Eles se amam!

– Isso é o que você pensa. Afinal, o que mais pode achar uma pessoa cheia de algodão na cabeça? – Adma riu e continuou – Olhe! Otto está pegando as coisas dele, vai voltar para a nave definitivamente.

– E você?

– Otto é um homem sensato; com certeza desligará a proteção energética da nave, sabendo da possibilidade de eu estar do lado de fora.

– Otto poderá destruir a Terra antes de ir embora?

– Se bem conheço meu rei, é isso que fará.

– Ele teria coragem de matar Clara? – William se mostrava preocupado.

– Otto não ama Clara. Quando perceber isso, não pensará duas vezes antes de matá-la. Otto e eu vagamos sozinhos pelo espaço por mais de vinte anos. Ele ficou muito tempo sem ver outras mulheres. Entendo o que Otto está passando, é apenas uma empolgação de momento.

– Cuidado, Adma, você é muito pretensiosa, pode se dar mal.

– Sentirei saudades de seus sermões idiotas, Algodãozinho. Adeus. Irei para a nave encontrar meu rei. Meu plano saiu melhor do que eu esperava, Otto voltará para o espaço sem levar Clara nem Sabrina.

Adma afastou-se, e William decidiu não ir atrás dela; quis ficar ao meu lado, emitindo fluidos energéticos sobre minha cabeça.

Após alguns instantes, já me sentia bem mais revigorada.

William pensou:

"Que diabo tem es*se ET que as mulheres ficam loucas por ele?*"

Levantei-me, fui até a janela, olhei para a nave e pensei em voz alta:

– Otto vai me abandonar sem ao menos saber que espero um filho dele.

William arregalou os olhos.

– Será que ouvi direito? Clara está grávida de Otto?

Coloquei as mãos em minha barriga e fiquei acariciando.

William, animado, decidiu:

– Preciso ir atrás de Adma e contar a novidade.

William encontrou Adma emburrada, flutuando ao redor da nave, e disse, com ironia:

– Te esqueceram aqui fora? Otto, o sensato, não lembra mais que você existe?

– Pare com isso, Algodão. Logo, logo, ele desligará a proteção energética.

– Você é estéril, não é, Adma?

– Esse é um problema meu! – respondeu Adma, virando o rosto.

– Um dos *chip*s, que roubamos da nave, justificava a produção de clones pelo fato de você não poder ter filhos.

– E daí? O que isso interessa?

– Clara está grávida.

– Deixe de brincadeira...

— Estou falando sério.

Adma começou a demonstrar sinais de nervosismo:

— Não pode ser, isso não pode estar acontecendo, acabamos de sair da casa de Clara, e ela não disse nada.

— Se não estivesse tão preocupada em obsediar Sabrina e observasse Clara melhor, já estaria sabendo.

— Eu nunca pude dar um filho a Otto. Vivemos juntos por sessenta anos, e isso não foi possível.

— Quanto tempo vive um artisiano? Quantos anos você tem?

— Vivemos em média 220 anos, eu estava encarnada há 100, na flor da idade. Otto regula comigo e, agora, poderá viver o sonho de ser pai. Não! Ele não pode saber, ou desistirá de ir embora! Não quero ficar neste planeta! Por favor, William, me ajude.

William falou, penalizado:

— Venha comigo para Nosso Lar.

Adma ficou quieta, abaixou a cabeça e começou a chorar baixinho. William esperava que ela gritasse, pulasse e emitisse sonoros e estridentes gritos. Em vez disso, estava abatida...

Naquela noite, Otto chegou à nave e se jogou em uma poltrona, cobrindo o rosto com as mãos. Nunca antes uma mulher o havia impressionado tanto como aquela terráquea. Há menos de uma semana, chegara a pensar que Clara era a mulher de sua vida. Não poderia estar tão enganado. Será que Adma realmente exercera alguma influência em Sabrina para afastá-lo de Clara? Lembrou-se da proteção energética contra espíritos e pensou em desligá-la; Adma poderia estar do lado de fora. Mas se ela fosse a responsável pela sua separação, mereceria ficar uma pouco fora da nave. Por fim, decidira não desligar a proteção naquela noite.

Otto levantou-se e foi para a casa de máquinas. Era tarde, mas se fosse para o quarto sozinho, não conseguiria deixar de pensar em Clara.

– "*Enfim*" – pensou ele – "a melhor forma de me distrair é trabalha*ndo.*".

Passava da meia-noite quando, ao mexer nas engrenagens, cortou o dedo em uma peça pontiaguda e xingou:

– Ocho!* (Merda em artisiano).

Foi até o ambulatório fazer um curativo. Abriu um pote que continha uma substancia gosmenta e passou no corte. Em seguida, pegou um pequeno aparelho e apontou para a ferida, que cicatrizou completamente em três segundos. Cansado, decidiu ir para o quarto. Foi dormir arrasado. As lembranças dos bons momentos vividos ao lado de Clara não lhe saíam da cabeça.

Na Terra, eu também pensava em Otto. Não queria que nosso relacionamento tivesse tomado aquele rumo. Há uma semana estava vivendo um sonho, e agora, tudo havia se transformado em pesadelo.

Pensei no futuro do meu filho. Seria o primeiro bebê híbrido a nascer no planeta. Por certo, outros viriam, já que existiam, na face da Terra, mais de cinquenta almas terráqueas encarnadas em corpos dos clones de Otto.

Uma nova raça vai surgir no planeta. A genética artisiana será introduzida na raça humana. Mas meu bebê será o primeiro híbrido e único filho do extraterrestre original. Será uma pessoa famosa...

Sorri, tentando imaginar como seria ele ou ela...

Senti um aperto no peito ao pensar na possibilidade de Otto ir embora sem conhecer o filho.

A União

O dia seguinte amanheceu chuvoso, e logo pela manhã, Elisa Carptner entrou em contato comigo, convidando-me para uma reunião no fim da tarde.

Às 17 horas, saí do hospital onde trabalhava e fui direto para a sede da FEO. João Carlos Carptner presidiu a reunião, lembrando aos presentes que os extraterrestres mereciam o perdão, como qualquer outro ser a caminho da sabedoria de Deus. A comissão havia errado muito, pensando em destruí-los. Aproveitei a oportunidade para dar a noticia da minha gravidez. Todos ficaram surpresos, e Nando abraçou-me, emocionado. Daniela perguntou, interessada:

— E Otto, já sabe?

— Otto me abandonou — respondi, entristecida.

— Como assim? — indagou Nando.

— Ele pegou suas coisas e falou que voltaria para o espaço.

Márcia me abraçou e disse:

— Otto precisa saber, Clara.

— Não quero que Otto desista de ir embora por causa do bebê. Queria que ele ficasse por mim, entende?

– Sim, querida – falou Lena – Não fique triste, confie em Deus e...

Antes de Lena completar a frase, Nando interrompeu:

– Carptner falou em perdão. Como perdoar o homem que abandonou minha irmã grávida?

– Ainda por cima, ele continua ameaçando destruir a Terra! – completou Túlio.

– Temos de ajudar Otto e Adma a enxergar a verdade Divina. – disse Elisa – Sabemos que não é fácil, mas essa é a nossa verdadeira missão.

Nas proximidades da nave, William, Jonas, Francisco José e Antenor rezavam ao redor de Adma, pedindo proteção e emitindo fluidos positivos para sua recuperação. Adma mantinha-se apática.

– Precisamos levá-la – falou Antenor – ela tem de ser encaminhada para uma instituição de tratamento espiritual.

William esclareceu, solícito:

– Já foi permitido seu recolhimento em Nosso Lar, só que ela não quer ir...

Francisco José aconselhou o amigo:

– Aproveite a energia positiva que Adma recebeu de nós agora. Ela não consegue nos ver, mas você tem fácil acesso a ela. Tente conversar novamente...

William concordou com a cabeça, chegou mais perto de Adma e colocou a mão delicadamente em seu ombro, fazendo-a levantar a cabeça:

– O que foi? – a voz de Adma estava fraca.

– Não quero vê-la assim. Venha comigo para um lugar onde encontrará paz.

– Não me atormente, Algodãozinho! Que lugar me faria esquecer que Clara vai dar a Otto o que eu nunca pude dar: um filho?

– Não quero que esqueça nada. O que está acontecendo faz parte do seu crescimento como espírito. Deve aceitar seu destino e acreditar que tudo nessa vida tem o consentimento de Deus, seja em Artísia, seja na Terra.

– Não acredito em você! Quer me separar de Otto para abrir caminho para a sua amiguinha Clara.

– Pense bem, não precisa decidir agora, mas lembre-se de que em Nosso Lar encontrará amigos que vão ajudá-la a superar essa fase.

– E o que mais tem nesse Nosso Lar? – perguntou Adma, interessando-se pela primeira vez.

– Lá, poderá descansar, trabalhar e estudar, até que esteja pronta para começar uma nova jornada, reencarnando em outro corpo.

– Se Otto ficar na Terra, terei chances de, um dia, reencontrá-lo em vida?

– Claro! Aposto que vocês ainda vão viver muitas vidas juntos.

– Então, vou pensar. Agora, me deixe em paz.

Otto, no interior da nave, andava de um lado para outro.

"O que será que essa *mulher fez comigo? Não consigo parar de pensar nela!*"

Ele estava ansioso e não sabia o que fazer. Com Adma, era diferente, ele sempre sabia quais seriam suas reações e atitudes. Já Clara era imprevisível, e era justamente isso que mais o atraía. Tinha consciência de que nunca antes amara tanto uma mulher e de que ia ser muito difícil ir embora sem ela. Decidiu que, na manhã seguinte, voltaria à crosta mais uma única vez. Não estava disposto a insistir. Teria uma última conversa com Clara. Se ela não quisesse acompanhá-lo para o espaço, iria embora e desintegraria o planeta Terra. Recolheu-se em seu quarto. Aquela pareceu ser a noite mais longa de sua vida. Por várias vezes, acordou assustado, ansiando ver o dia amanhecer.

Acordei muito cedo no sábado. Olhei pela janela, e ainda estava escuro. Perdi totalmente o sono. Troquei de roupa e fiquei rodando pela casa, procurando o que fazer. Acessei uma revista virtual e resolvi assistir aos artigos no meu quarto mesmo. Não consegui me concentrar, principalmente porque a gata Estrelinha insistia em andar no meio das imagens, atrapalhando a projeção. Pensei em fazer uma caminhada pela orla e saí minutos antes de Otto entrar pela janela do meu quarto. Ao ver o apartamento vazio, Otto, nervoso, saiu voando à minha procura. Parei em um quiosque, pedi uma água de coco e fiquei olhando o mar, distraída, observando a beleza do amanhecer. De repente, Otto aterrissou na minha frente, assustando-me e chamando a atenção das pessoas que circulavam no calçadão de Copacabana àquela hora.

Respirei fundo e, como ele não dissesse nada, perguntei:

– O que quer de mim?

Otto não respondeu, apenas piscou os olhos graciosamente e continuou me observando. Esperei mais um pouco e, sem graça, tornei a perguntar:

– Por que está aqui?

Otto me puxou pelo braço, abraçou-me e falou baixinho em meus ouvidos:

– Feche os olhos e sinta essa energia que está se formando ao redor de nossos corpos.

Ficamos em silêncio, até que Otto quebrou o encanto, dizendo:

– Venha para o espaço comigo.

Afastei-me, decepcionada, e andei até um banco próximo, para me sentar. Otto me acompanhou e sentou-se ao meu lado.

– Por que não vem comigo? Dessa forma, nós iríamos embora, e eu deixaria o povo de seu planeta em paz.

Reagi nervosa, cada vez mais magoada:

– Se quiser destruir a Terra, terá de me destruir junto!

– Não fale assim, Clara, eu a amo.

– Diz que me ama, mas ameaça destruir meu planeta, minha família e meus amigos. Acha que eu seria feliz assim? Que amor egoísta é esse, que só pensa em si mesmo?

– Por favor, me perdoe. Não vim atrás de você para discutirmos.

– Então pouse a nave e fique na Terra comigo!

Otto calou-se e fitou-me com paixão.

– Responda-me, Otto – prossegui, quase em suplício – vamos decidir logo ou então desistiremos para sempre.

– Não consigo viver sem você, bela feiticeira, mas não quero tomar nenhuma decisão definitiva. Aceito fazer uma experiência. Ficarei aqui; mas por enquanto, continuarei morando na nave.

– E quanto tempo vai durar essa sua "experiência"?

– Não sei... Que tal um ano?

– Um ano? Mas isso é maravilhoso! Poderá assistir ao nascimento de seu filho!

– O que está falando? – perguntou Otto, sem acreditar no que acabara de ouvir.

– Estou grávida, nós vamos ter um filho!

Otto pegou-me pela cintura e começou a saltar pelo calçadão. Agarrei seu pescoço, gritando:

– Meu Deus! O que está acontecendo, por que estamos pulando assim? Pare, Otto, estão todos olhando!

Otto parou, tirou o cinto, colocou-o em minha barriga, ditou alguns comandos em artisiano e exclamou, radiante:

– Veja, são gêmeos!

Agora, quem estava assustada era eu:

– Gêmeos???

– O cinto não erra. É um casal!

– Mas nessa fase, os órgãos sexuais nem estão formados!

– O cinto lê a aura da mórula.*

– Fantástico!

— Clara, você me deu a notícia mais importante da minha vida. Assim que o motor da nave estiver funcionando, aterrissarei, no mais tardar, em dois ou três dias. Criaremos nossos filhos e seremos o casal mais feliz do planeta Terra!

Otto e eu nos beijamos, e dezenas de pessoas que nos observavam aplaudiram, emocionadas.

Quatro meses se passaram.

Otto decidiu celebrar nosso casamento "à moda artisiana". Concordei para não aborrecê-lo, sem ao menos imaginar como seriam os casamentos artisianos. Sua decisão de ficar na Terra já era uma prova de saber ceder por amor e, agora, a vez de ceder era minha, aceitando seguir os costumes de seu povo. Antes eu tivesse pensado duas vezes, porque quanto mais ele falava da cerimônia, mais eu achava aquilo tudo uma loucura.

Nossa união era o evento do século, e o mundo pararia para assistir tão inusitado casamento, entre uma terráquea e um extraterrestre.

Os últimos meses foram bem agitados. Quando Otto aterrissou a nave, causou um frenesi na população. As filas para conhecer o interior do veículo espacial eram enormes. Todos os dias, chegavam pessoas do mundo inteiro, curiosas, querendo saber como viajavam os ET's. Otto me surpreendeu, mostrando-se sempre educado e solícito para dar informações e esclarecer as dúvidas dos visitantes.

Afinal, chegara o grande dia. O casamento seria realizado no Maracanãzinho, porque muita gente queria assistir ao vivo à festa de núpcias.

Acordei com os nervos à flor da pele, não parava de repetir, passo a passo, tudo o que Otto me ensinara.

— É esquisito demais, Otto. Por que precisa de tanta dança para casar? Se é que posso chamar esses movimentos de dança...

ABDUÇÃO – O MISTÉRIO DOS EXTRATERRESTRES | 269

– Você está perfeita – falou Otto, emocionado – se tivesse um corpo mais ágil, seria uma artisiana exemplar!

– Jura que isso não vai fazer mal aos nossos bebês? Estou bem barriguda, com quase cinco meses!

– Fique tranquila, Clara, nossos filhos ficarão bem.

– Confio em você, meu amor – falei, beijando-o – mas ainda não me contou o final da cerimônia!

– No final, a gente se acasala. – respondeu Otto, com naturalidade.

– Em público??? – perguntei, enrubescendo.

– Sim.

– Mas, Otto, o ato de amor é um momento privado para o casal.

– Por quê?

– Porque é assim que tem de ser.

– Você tinha concordado que seria tudo do meu jeito.

– Só que transar em público é extrapolar! Não vou me submeter a isso.

– Não entendo... – falou Otto, pensativo – Para o meu povo, esse é o momento mais bonito da cerimônia.

– Se fizermos isso aqui na Terra, vamos chocar a humanidade.

– E o que vocês fazem nos casamentos terráqueos, para encerrar a cerimônia?

– Os noivos se beijam. – falei, com romantismo.

– Só beijo? Que coisa mais sem graça...

– Olha, Otto, vamos fazer tudo da forma que você quiser, mas por favor, vamos cortar essa parte de sexo em público, está bom?

– Você me convence de qualquer coisa com esse sorriso lindo...

Suspirei aliviada e beijei Otto amorosamente. Estava cada vez mais convencida de ter feito a escolha certa. Fui para casa e deixei Otto treinando a "dança do macho".

Duas horas antes da hora marcada, o estádio já estava lotado.

Com o uso da energia antigravitacional, foram montadas arquibancadas também no espaço aéreo. A cerimônia começou às 20 horas em ponto. Eu usava um vestido verde bem-ajustado ao corpo e um arranjo na cabeça, com fios cintilantes, que tocavam o chão. Tudo desenhado por Otto, que produziu e dirigiu o espetáculo. Comecei a caminhar pela passarela em passos lentos e seguros. Otto entrou atrás de mim e, com movimentos rápidos de braços e pernas, saltava e emitia sons esquisitos, provocando risos e aplausos na plateia.

O público ia ao delírio com os movimentos de Otto, que dava um *show* de sincronia e agilidade. Dali por diante, a coreografia ficava mais branda, e no final, como eu pedi, apenas nos beijamos. A orquestra tocava alta, e as pessoas invadiram o campo para comemorar.

Eu estava exausta e tonta com aquela "dança" maluca, mas quando parei e olhei para Otto, todo o cansaço desapareceu. Uma sensação de plenitude tomou conta do meu ser.

Adma e William assistiam em silêncio à comemoração. Na hora do beijo, Adma escondeu o rosto com as mãos e começou a chorar.

— Agora eles vão se acasalar, não quero ver isso – falou Adma, entre soluços.

William, surpreso, perguntou:

— Acasalar? Eles vão transar na frente de todo mundo?

— É o normal; para que todos presenciem o amor que existe entre eles – Adma torceu o nariz e calou-se.

— Não acredito que Clara faça isso... – falou William, tocando o queixo.

Adma reagiu, nervosa:

— Já disse que não quero ver! Vou-me embora.

Adma saiu voando, e William foi atrás dela.

— Espere! Para onde você vai?

— Me deixe em paz, Algodão, quero morrer!

ABDUÇÃO – O MISTÉRIO DOS EXTRATERRESTRES | 271

– Você já está morta, agora precisa preparar-se para renascer.

Adma parou e olhou William com desdém.

– Quero renascer perto de Otto...

– Venha comigo; garanto que conseguirá permissão Divina para renascer ao lado de seu companheiro do espaço.

– É, Cabeça de Algodão, agora só me resta confiar em você...

– Não vai se arrepender, Adma.

William colocou o braço no ombro de Adma e, lado a lado, caminharam em direção à colônia espiritual Nosso Lar, que pairava sobre o Rio de Janeiro.

O Milagre da Vida

Sentei-me com dificuldade, e Carptner veio me ajudar. Estava no nono mês de gravidez, e a barriga incomodava bastante. Lena, atenciosa, trouxe um pequeno banco para que pudesse descansar meus pés. A reunião era festiva. Comemorávamos o fim da ameaça dos extraterrestres e lamentávamos a dissolução da comissão.

— Não podemos deixar de nos encontrar! – exclamou Thiago.

Márcia aproximou-se, abraçou o marido e falou:

— Afinal, tudo acabou bem; além de termos desvendado o mistério, ainda promovemos três casamentos! Thiago e eu, Fernando e Daniela, Otto e Clara.

— E não se esqueça da gravidez – interrompeu Fernando – a espera do nascimento dos híbridos é a atual sensação do planeta. Do Oriente ao Ocidente, não se fala em outra coisa.

Lena Lion levantou-se, caminhou até o centro da sala e falou:

— Clara e Otto serão responsáveis por uma nova raça que surgirá na Terra. Porém, o mais importante nessa história, o que ficará gravado em nossas auras por toda a eternidade, é o amor. A tal "energia salvadora" de que falavam as profecias é o Amor. Erramos muito quando tentamos resolver os problemas com violência. Adma e Otto são como nós, almas imperfeitas, traçando caminhos por meio de reencarnações sucessivas, tentando evoluir a exemplo de nosso Emissário Jesus. Pensar em agredi-los é como ferir a nós mesmos, já que caminhamos juntos para a unificação na energia Divina.

– Mais uma vez, nós, seres humanos, demonstramos nossa ignorância perante a sabedoria de Deus. – disse Márcia.

Elisa foi até Lena, colocou as mãos em seu ombro e falou, emocionada:

– Pensamos em violência, guerra e destruição; hoje, sinto-me envergonhada, pois no final, tudo foi resolvido com amor, a lei que Jesus Cristo nos ensinou.

Neste momento, Otto entrou na sala, e Elisa parou de falar. Daniela levantou-se, ergueu sua taça e disse:

– Venha, Otto! Venha brindar conosco. Proponho que façamos um brinde à paz!

Foram todos para o centro da sala, e eu continuei sentada. As pessoas riam e falavam alto. Ninguém ouviu quando gritei e me encolhi na cadeira. A dor era tão intensa que não consegui me mexer. Senti a bolsa d'água romper-se e consegui relaxar um pouco. Lena viu que eu estava passando mal e correu aflita ao meu encontro:

– Clara, o que houve?

– Acho que tive uma contração; a bolsa d'água rompeu-se, e estou toda molhada.

Mal acabei de falar, a dor voltou ainda mais forte. Contorci na cadeira, e Lena deu o alarme:

– Gente! Os bebês estão nascendo! Temos de levar Clara para o hospital!

De repente, Otto pulou de quatro em cima de minha barriga, quase me matando de susto.

– Otto! – gritei, nervosa – Você está louco?

Nando tentava empurrar Otto e gritava:

— Saia de cima da minha irmã, seu ET maluco!

Otto, com agilidade, dava tapinhas em minha barriga com movimentos tão rápidos que mal conseguia ver suas mãos. Senti todo o meu abdômem relaxar e respirei fundo.

— Vamos levá-la para um hospital! – falou Fernando, mais calmo.

Otto fez um sinal pedindo que todos ficassem em silêncio e continuou com os tapinhas.

A dor veio de repente, mas durou somente alguns segundos.

— Vejam! – exclamou Márcia, comovida – nasceu um dos bebês de Clara!

Elisa Carptner, por ser médica, assumiu o controle da situação. Pegou o bebê para cortar o cordão umbilical e limpá-lo.

— É a menina! É ainda mais bonita que nos filmes transútero.

— Parece mais artisiana que humana. – comentou Fernando.

Thiago olhou para Otto e falou, espantado:

— Otto está em cima da barriga de Clara de novo e já começou com os tapinhas, acho que vai nascer o segundo bebê.

Mais uma vez, a contração durou somente alguns segundos, e com um movimento forte, expulsei a segunda criança.

— É a minha cara! – exclamou Fernando.

— Não force, Nando – riu Daniela – ele é muito pequenino.

— Pelo menos, esse parece humano. – respondeu Fernando.

Otto, orgulhoso, segurou seus dois filhos nos braços e sorriu, com os olhos úmidos de emoção. Olhei a cena e também me emocionei.

“*Minha família.*” – pensei.

— Otto... – indagou Daniela curiosa – Como conseguiu fazer Clara dar à luz tão rápido?

— Não achei que foi rápido – respondeu Otto, sem entender bem a pergunta – demorou muito entre um bebê e outro.

– Precisamos aprender essa técnica dos tapinhas – disse Carptner, sorrindo.

Levantei-me da cadeira, sentindo-me incrivelmente bem.

– Vamos comunicar ao mundo! Nasceram os meus filhos, OS PRIMEIROS HÍBRIDOS DO PLANETA!!!

Novos Rumos

Cinco anos se passaram, e Otto e eu vivíamos felizes em um sítio no interior de Minas Gerais. Logo após o nascimento dos bebês, Otto montou uma fábrica de cintos pretos e ganhou uma fortuna. Todos na Terra flutuavam e usavam a memória virtual do cinto. Eu não atendia mais no hospital público e administrava o dinheiro de Otto, direcionando a maior parte para projetos sociais. Com a ajuda de Fernando, que era biólogo, e de sua esposa Daniela, que era veterinária, fundamos uma instituição para apoiar as ações do governo em auxílio à preservação da natureza.

Nos jardins de minha casa, sentei-me em um banco e fiquei observando meus filhos, que brincavam alegremente na grama.

Lembrei-me dos sonhos reencarnatórios orientados por Francisco José. Pensei em 120 anos atrás, quando fui veterinária. Na época, Francisco José dizia:

— Não desanime, Clara, você sempre lutou por causas sociais, no fim do século XX, entregou sua vida à defesa dos animais. Envolveu-se em projetos, realizou muitas coisas, mas também errou, sofreu, evoluiu... O mais importante é que nunca desistiu de lutar...

ABDUÇÃO – O MISTÉRIO DOS EXTRATERRESTRES | 277

Em sonho, Francisco me mostrava uma cena em que eu estava triste, bastante preocupada com a situação da ONG da qual eu fazia parte. A entidade sustentava centenas de cães e gatos recolhidos nas ruas da cidade.

O desrespeito dos seres humanos pelos animais era tanto que as pessoas eram capazes de abandoná-los à míngua, para que morressem de fome ou por maus-tratos.

Na época, muitos não sabiam que, quando desrespeitavam os animais, estavam desrespeitando, acima de tudo, a Deus e a si mesmos. A humanidade demorou para adquirir essa consciência.

Meus olhos encheram-se de lágrimas ao lembrar as cenas recordadas durante os sonhos reencarnatórios.

Animais esfaqueados, espancados e maltratados por pessoas entravam diariamente em meu consultório. Desprezados pela organização político-social da época, eles também eram usados em experiências e pesquisas que causavam dor e sofrimento, sendo descartados pela irresponsabilidade humana perante Deus.

Poucos se tornavam ativistas em favor da causa, e os ignorantes eram a maioria.

Uso a palavra *ignorante* em seu sentido real, pois uma pessoa capaz de desrespeitar um animal ignora a própria alma.

Hoje, no ano de 2123, sentada no jardim de minha casa, observando meus filhos gêmeos, Elias e Alice, brincando com o cachorrinho Perlo e com o grande e plácido cão Bóris, sinto-me contente.

"O mundo mudou muito, e mudou para melhor, graças a Deus."

Vi Otto aproximar-se e corri ao seu encontro, abraçando-o com ternura. Ficamos observando as crianças, abraçados.

Nesse instante, Alice pegou um brinquedo e bateu na cabeça de Elias.

– Elias começou a chorar, e corremos até eles. Abracei-o, e Otto segurou Alice pelo braço, falando com voz zangada:

– Você não pode bater no seu irmão!

Alice, que também havia começado a chorar, entre lágrimas e soluços, respondeu:

– A culpa é do Elias, papai, ele me chamou de lagartixa!

Elías, que passara os braços em meu pescoço e já havia parado de chorar, respondeu, emburrado:

– Foi ela quem começou, ela me chamou de Algodãozinho, mamãe, eu não gosto desse apelido... – e começou a chorar novamente.

Peguei Elias no colo e fiz sinal para que Otto trouxesse Alice.

Nós quatro juntos, abraçados, fomos andando em direção a casa, seguidos por Perlo, Boris e Estrelinha.

Epílogo

Em certo lugar do espaço, longe de tudo e de todos, dois seres de luz conversavam animadamente:

– Conseguimos! Deu tudo certo – falou Athus.

– Não foi fácil – respondeu Jesus, dando um longo suspiro – mas já enfrentei batalhas mais difíceis, como as guerras. Você não imagina o trabalho que os espíritos humanos me deram nos últimos milênios.

– E eu não sei? Acha que em Artísia era diferente? Dão-se centenas de chances para um espírito se redimir, e eles continuam renascendo e cometendo os mesmos erros.

– É... A evolução de uma alma é muito lenta.

– Difícil mesmo foi fazer os híbridos não nascerem estéreis.

– Sim, foi nosso maior milagre!

Jesus colocou as mãos nos ombros de Athus e disse:

– Fico feliz em saber que, de agora em diante, estaremos sempre juntos, orientando a evolução das almas terráqueas, artisianas e de todos os híbridos que irão renascer.

– Será um prazer continuar a jornada ao seu lado, neste planeta tão maravilhoso que é a Terra – exclamou Athus, retribuindo o abraço.

— Serei sempre grato por concordar em trazer tecnologia e renovação para a genética do meu planeta.

— Você é que me ajudou muito, concordando que eu trouxesse minhas almas para continuar o processo de evolução na Terra. Eu poderia vagar milhares de anos pelo espaço até encontrar um planeta similar.

— Estamos juntos nesta jornada, amigo. Deus confiou a nós esta importante missão! E, como já disse antes, seja bem vindo ao planeta Terra, Athus. Você e seus doze bilhões de almas!